中学
特色学校建设

ZHONGXUE TESE XUEXIAO JIANSHE

罗仁林 莫竹浪 ◎ 编著

暨南大学出版社
JINAN UNIVERSITY PRESS

中国·广州

图书在版编目（CIP）数据

中学特色学校建设/罗仁林，莫竹浪编著．—广州：暨南大学出版社，2016.12
ISBN 978 - 7 - 5668 - 1774 - 7

Ⅰ．①中…　Ⅱ．①罗…②莫…　Ⅲ．①中学—学校管理—研究—中国　Ⅳ．①G637

中国版本图书馆 CIP 数据核字（2016）第 049754 号

中学特色学校建设
ZHONGXUE TESE XUEXIAO JIANSHE

编著者　罗仁林　莫竹浪

出 版 人　徐义雄
责任编辑　李倬吟　林冬丽
责任校对　姚晓莉
责任印制　汤慧君　周一丹

出版发行　暨南大学出版社（510630）
电　　话　总编室（8620）85221601
　　　　　营销部（8620）85225284　85228291　85228292（邮购）
传　　真　（8620）85221583（办公室）　85223774（营销部）
网　　址　http：//www. jnupress. com　http：//press. jnu. edu. cn
排　　版　广州市天河星辰文化发展部照排中心
印　　刷　深圳市新联美术印刷有限公司
开　　本　787mm×960mm　1/16
印　　张　8.5
字　　数　161 千
版　　次　2016 年 12 月第 1 版
印　　次　2016 年 12 月第 1 次
定　　价　24.80 元

序 言

这是一本很值得阅读的书。中学校长和中学教师读了，学校的特色建设会很快驶上快车道；中学生及其家长读了，会很快找到适合学生自己个性发展的特色学校就读，让自己的个性特长和潜能得到充分发挥，使自己成为具有独特鲜明个性的优秀人才。

我的整个教育生涯，绝大部分时间都是从事中学师资培训和校长培训工作。20世纪八九十年代，中国教育改革的主旋律是将应试教育转到素质教育的轨道上来。什么是素质教育？怎样进行素质教育？这是那个年代每个教育工作者必须正面回答的问题。而对这些关系到国家教育改革成败的关键性问题，多数人还是摸不着头脑。在南宁市教育行政部门及教科研机构的指导下，南宁教育学院开办了教师和校长培训班。为办好这些培训班，我们通过调查研究，寻找中学各类有特色的学校，帮助它们总结经验，并将它们的特色项目建设经验拿到培训班上推介，供大家研讨。最后将那些较好的、得到多数人认可的特色学校建设经验逐步向社会推广。作为培训班的组织者和指导教师，我们很注意搜集各种具有指导意义的，包括专业特色、教学特色、德育特色、校本课程特色等方面的特色建设经验书面材料，推荐给学员们参考。

进入21世纪之后，我国的教育改革已进入特色学校的建设阶段。由于学校之间生源竞争非常激烈，各校多是摸着石头过河，各自寻找面向学生未来的特色教育和面向每个学生未来发展的全面关怀教育体系。为此，这本《中学特色学校建设》是很多教育工作者所期盼的。我愿将此书推荐给需要的人们。

退休后我受聘于某中学，参与教学管理工作。在那里我认识了几位奋战于教学一线的朋友，其中就有这本书的作者罗仁林同志和莫竹浪同志。

罗仁林同志是广西师范大学中文系统招本科毕业生，功底扎实深厚，热爱教育，教学有钻劲，研究有悟性，写作有灵性。在教育教学研究和文学创作方面，发表了许多文章，也出版了论著，是一位相当出色的教育教学能手，也是一位极棒的文学写手。我们自然成了志同道合的朋友。

莫竹浪同志是英语课程与教学论的硕士研究生，他对于我这只学俄语而不懂英语的人来说是很难找到共同语言的。但得知我在高校教外国文学课程时，他就常和我讨论英美文学名家名著。他读过不少莎士比亚的戏剧作品和十四行诗，还熟读惠特曼的诗歌。我们也成了好朋友。在南宁我们经常见面，他常与我研讨伟大的人民教育家陶行知的教育思想，请我介绍他加入陶行知研究会。

后来，另有高聘，我离开中学到高校参加管理工作。10多年后的今天，他们给我带来这本书稿。看到这本厚厚的书稿，我很惊讶，很难相信这是他们所写的书。而看完之后，我深信无疑，并愿意将其推荐给广大教育教学工作者。

本书是作者长期以来从事教育教学实践活动和理论研究的结晶。我和两位作者分别10多年来，他们一直在中学的教学和管理一线上耕耘。尤其是罗仁林同志，近年来一直在广西特色普通高中创建的试点学校工作，在特色学校建设过程中探讨策划，思考运作，具有许多探索的收获，积累了许多成熟的经验。总之，他们在繁忙的工作之余，执着探究，勇于摸着石头过河，并笔耕不辍。功夫不负有心人，他们的大作《中学特色学校建设》终于与广大读者见面了。

本书是我国中学特色学校建设过程中的产物。21世纪以来，随着教育改革的不断深入，国家教育部对特色学校建设非常重视，并组织相关科研机构开展课题研究。2009年，全国教育规划领导小组办公室推出专项课题"普通高中特色学校建设的实验与研究"；2011年，中国教育科学院发布普通高中特色学校研究专项课题推介会优秀成果。这些举措在很大程度上直接推进了全国各地普通高中特色学校的建设与发展。自此，全国各省市相应的特色学校的建设方案纷纷出台，试点工作在全国各地轰轰烈烈地开展。2013年，全国举办了第二届"全国最具特色中学评选"暨第二届"全国最具特色中学创建"高峰论坛。从此之后，一大批"全国最具内涵特色学校""全国最佳素质教育特色学校"等如雨后春笋般出现在中国的大地上。在这教育改革的大背景下，罗仁林、莫竹浪同志的《中学特色学校建设》应时而生。

本书对促进我国特色学校建设与发展具有现实指导意义。本书对中学特色学校建模，即专业特色、教学特色、德育特色、民族特色、地域特色、外语特色等重点建设模型进行了较为详尽的概括分析和系统介绍。书中还就我国中学特色学校的发展模式进行大胆构想，对中学特色学校建设与发展中的误区和限制提出了自己的看法。同时，书中收集了大量有关国内外特色学校的资料：有我国教育行政职能部门单位和研究机构出台的文件、法规及研究成果，也有大量的省市教育行政部门、科研机构、学校的特色创建典型经验；有公办中学特色学校建设与发展的新模式，也有民办中学特色学校建设与发展的成功模式；还有真正的特色学校和虚假的特色学校的对照。总之，本书资料丰富，信息量大，语言表述自然流畅，可读性强，是一本难能可贵的书。

陶善宁

2016 年 10 月于南宁

（陶善宁，教授，全国高等师范院校外国文学教研会常务副会长，广西外国文学学会常务理事，广西陶行知研究会常务理事，南宁市陶行知研究会会长）

目 录
CONTENTS

第一章　中学特色学校发展概述

第一节　关于特色学校诸概念的界定

目前，我国的中学学校建设进入最活跃的时期，活跃主要表现在特色上。把学校办出特色，以特色立校，以特色强校，不仅是当前部分中学在激烈的教育市场竞争中得以生存和发展的秘诀，同时也是今后大部分中学所要追求的终极办学目标。那么，什么是特色？什么是特色学校？什么是学校特色？什么是特色项目？这些都是本书所涉及的概念。因此有必要对这些概念的界定等做一些介绍。

所谓特色，是指事物所表现出的独特的个性色彩和风格。而特色学校，按照中央教育科学研究所所长、国家督学、《中国德育》杂志社社长朱小蔓教授的说法，它指的是基于本校特有的办学旨趣，并选取适合于学校的突破口（切入点），探索已有的办学之道，逐渐在某方面形成教育教学优势的学校。程振响、季春梅等在《特色学校创建的理论与实践》一书中指出，特色学校是指在全面贯彻教育方针的过程中和长期的教育教学实践活动中，从学校教育工作的整体上或全局上形成的、具有比较稳定的、区别于其他学校的独特风格或风貌，并培养出具有特色的人才的学校；特色学校的本质特征是独特性、优质性、稳定性和文化性；学校特色就是指学校管理者和教育者根据现代教育思想和本校独到的办学理念，从学校实际出发，在教育实践中努力挖掘、继承、发扬并积极创造某一方面或某些方面的优势，从而形成有鲜明个性、独树一帜、成效显著的运行机制、办学风格和教育教学模式。而美国对中学特色学校的界定是这样的：特色学校是学校在长期的办学过程中所表现出的有别于其他学校的独特的办学风格、先进的教育思想和鲜明的教育手段。而时下，部分行内人士从课程建设的角度，对特色学校的理解更加简单，认为特色学校就是一切为学生成长考虑，具备足够的必修课，并重视特色课程开发，设置校内外选修课，具有选课体系，用学分制管理的学校，衡量某所学校是不是特色学校，要从学生发展、师资品质、课程水平和办学质量等方面去考量。而特色项目指的是一所学校在办学过程中合理发挥本校优势和潜能，并在此基础上形成若干单项性特色，在同类学校中具有明显优势的教育教学活动内容。

在我国，中学特色学校是新事物，作为政府行政行为的特色学校建设是近年来才兴起的。进入21世纪以后，在新的教育政策背景下和新的教育市场中，我国中学的竞争更加激烈。一些教育教学质量稳定、招生情况良好的县市区等公办重点中学，想扩大招生，就热衷于创办"校中校"（公办中学创办民办学校）和分校（一所中学分出多个校区）；一些教育教学质量一般、招生情况不乐观的县市区和乡镇等公办非重点中学，为谋求自身的发展，也考虑改制或转型，或寻求其他办学途径，以突显优势，走出低迷的状态；一些建设规模较大但教育教学质量一般、招生情况不太好的民办或贵族学校，为谋求较为稳定可靠的发展，便与一些公办示范性中学合作办学；而一些办学规模不大、教育教学质量偏差、招生普遍困难的普通民办中学，为寻求生存的出路，更是不断寻找新的办学路子，如创办体育、美术、音乐、播音、外语等各种特长班或特长专业，培养特长生，以谋取新的发展。因此，进入21世纪以来，我国的中学学校建设迅速形成特色化和多样化的办学格局和办学特点。而在此基础上，中央教育科学研究所全国教育科学规划领导小组办公室正式推出并实施建设普通中学特色学校的计划，以国家行动和国家标准对中学学校建设进行导向引领和特色示范，使特色学校成为中学新的教育建设生态，从而使得我国的中学学校建设呈现出一种崭新的发展态势。

当然，也可以说中学特色学校建设不是新事物，因为从20世纪八九十年代开始，一些中学就开始探索出具有自身发展特点的办学特色。例如，20世纪80年代，江苏洋思中学在蔡林森校长的带领下，探索出"先学后教，当堂训练"的教学模式；辽宁沈阳东北育才学校在葛朝鼎校长的带领下，探索出"优才教育"教育理念；广西师大第一附中在李平西校长的领导下，积极开展航模科技创新教育，物理老师带领航模组的学生制造出来的小飞机，不停地在校园上空盘旋，激发出无数学生的飞天梦想；北京一六一中学的刘文明老师主持"创造学课"实验，提炼出从备课到讲课、从作业到检测整个教学过程的比较系统的创造性教学的做法和理论，探索出独特的"创造教育"理念，成果荣获北京市"七五"教育科研二等奖，并于1993年被北京市教科所推广。20世纪90年代，广东珠海金湾区金海岸中学的郭铭辉老师探索出"散合式语文教学法"等教育理念。

因此，本书所研究和论述的是广义的中学特色学校，即从20世纪八九十年代以来一切办学具有特色的中学学校，其中也包括狭义的中学特色学校，即 21 世纪以来政府教育行政部门通过评选认定的中学特色学校。当然在此要特别指出的是，一切办学具有特色的中学学校，是指一切办学具有真特色的中学学校，即特色教育能够惠及广大学生的学校，而对于那些只办几个体育、美术、音乐、舞蹈、播音或外语等特长班，特色教育不能惠及广大学生，却也标榜自己有特色的学校，是假特色或伪特色学校，不在笔者所要研究和论述的中学特色学校之列。还有，那些不能根据自身的发展实际，照搬别人的特色，办学仍然难以为继的学校，同样也不在笔者所要研究和论述的中学特色学校之列。

当前，随着社会需求的多样化和家长学生选择的多样化，我国的中学特色学校，出于竞争和发展的需要，已不仅仅停留在一元特色的发展上，而是朝着多元特色的方向发展。例如，内蒙古包头市蒙古族学校发展民族特色教育和幸福教育，重庆田家炳中学推行艺体专业特色教育和幸福教育，云南楚雄师院附中发展艺术专业特色教育和德育特色教育，辽宁阜新市阜蒙县蒙古高中发展民族特色教育和外语特色教育，上海闵行三中推行科技特色教育、艺体专业特色教育和管理特色教育，浙江嘉兴二十一世纪外国语学校推行外语特色教育、管理特色教育和教科研特色教育，安徽合肥市六十五中推行赏识教育、外语教育和计算机特色教育，江苏南京师范大学附属实验学校推行赏识教育和艺体特色教育，辽宁沈阳市东北育才学校推行优才教育和外语教育，黑龙江鸡西市 19 中推行多元德育特色教育与艺体特色教育，山东济南市平阴县孝直中学推行德育特色教育和体育发展特色教育。而多元特色发展也必将是当前和今后中学特色学校乃至所有中学学校所要选择的一个正确走向。

为使广大读者对我国的中学特色学校建设和外国中学特色学校建设具有更加全面深入的认识和了解，笔者将对英国、美国、日本、瑞典等发达国家的中学特色学校建设予以详细列述，以便广大读者在我国的中学特色学校建设和先进发达国家的中学特色学校建设的比较阅读中进行进一步的探讨与研究。

第二节　中外中学特色学校建设

一、英国中学特色学校建设

英国特色学校是从普通公立中学遴选出来的，是政府授予一些优质中学的特殊称号，是政府计划提高中等教育标准的一个重要部分。1994 年，英国教育与就业部制订特色学校计划，项目启动以来，特色学校越来越普及，办学也更加成功。特色学校计划帮助中学与私营部门赞助者结成伙伴关系，使学校获得政府额外资助，并通过选择一些特色的科目建立学校特色，从而达到提高教育标准的目的。特色学校在得到政府资金支持的同时，还必须与私营部门赞助者结成伙伴关系，以获得额外资助。1995 年以后，英格兰所有中学都被给予特色学校办学的地位和机遇。1997 年，政府资助扩大特色学校计划，将其作为中等教育改革的中心。2002 年 11 月，教育与技能部提高对特色学校项目资金拨款的最高限度，用以支持项目的扩展。2003 年 2 月，教育与技能部出台《一个新的特色体系：改革中等教育》的文件，做出长远打算，计划使所有的中学都成为特色学校。到 2004 年 1 月，54% 的中学成为特色学校；到 2006 年，75% 以上的中学成为特色学校。特色学校在满足国家课程要求的同时，还要把重点放在所选择的特色科目上，向所有学生提供丰富和谐的教育。获得特色地位的科目包括艺术、贸易与企业、工程、人文、语言、数学与计算、音乐、科学、运动、技术、特殊教育等，学校可从中选择一个或两个。特色学校活动内容包括课程、教学、学生管理、学校管理、合作等。

关于特色学校的认定，政府为特色学校制定完整的政策体系，要想获得"特色学校"称号，高中必须达到政府规定的标准，还要通过学校之间的公开竞争。特色学校向教育与技能部申请特色地位，三年为一个阶段，下三年需要重新获得认定，且必须从商业赞助者那里获得 10 万英镑（后减至 5 万）的赞助资金，制订一个三年发展计划来显示如何实现计划的目标等。特色学校资格的获得能帮助学校改进教学，使学校能够为特色学科和其他学科提供有效的教学，带动学校教学管理水平的提高。特色学校具有三大目标，即提高特色科目和整个学校的标准；与私营部门赞助者、其他学校和地方社区结成伙伴关系共同工作；在全部中等学校和更广大的社区中扮演重要的角色。具体来说，有以下几个方面：第一，提高所有学生的成绩标准，包括特色学科和其他课程。第二，提高特色学科的教学质量，帮助整个学校提高标准。第三，为学生提供特色科目，扩展他们的学习，与私营部门赞助者、商业界及其他跟特色科目相关的继续教育和高等教育机构建立联系，对学生的需求和兴趣做出回应。第四，发展学校特色，表明学校特点并能反映学校目标。鼓励学生参与特色科目的学习，增强他们的兴趣。第五，与伙伴学校合作，增加学生在特色学科上的学习机会，分享专业设备和教育资源。第六，为地方团体提供特色科目的教学。特色学校的资金来源主要依靠教育与技能部，该部每年给每所特色学校一次性拨款 10 万英镑，并且还有其他年度拨款，超过 1 000 名学生的学校，每个学生每学年得到 123 英镑的拨款。此外，特色学校还获得赞助资金、合作资金和周期资金等资助。特色学校具有支持自身发展的组织，这些组织是特色学校托管会、青年运动托管会和语言教学研究信息中心。而特色学校的建设模型有技术特色学校、语言特色学校、艺术特色学校和运动特色学校四种类型。技术特色学校注重在设计教学和技术教学中用实际任务来发展学生的技能，让学生参与实际调查，鼓励学生拓展有关科学领域的阅读，培养学生的设计与处理能力、推理与想象能力、理解能力、应用能力和表达能力等；语言特色学校注重引导学生采用个人、结对或分组等多种形式进行语言和文化方面的学习，全部课程基本都用所学语言来教授，并强调语法、语音和语调的学习；艺术特色学校注重名师教学，经常聘请职业艺术家和歌剧公司的歌唱家给学生授课，并完善各种艺术设备和设施，培养艺术特长生；运动特色学校科学合理地安排运动课程，给学生提供多种训练设备，锻炼他们的技能，强化有效教学，巩固和加深学生的实践技巧和分析技能，同时与运动俱乐部和成人社区小组等建立联系，共同开展工作。①

二、美国中学特色学校建设

从 20 世纪 80 年代以来，美国掀起新一轮基础教育改革，更加重视提高高中教育质量，并试图通过权威性的教育评估，选取一些优秀高中作为示范学校，使其他高中学习和效仿，特色学校随之得到发展，如当时出现的磁石学校和特许学校等新型学校。磁石学校是指以自身独特的设施和专门化课程吸引本学区或本学区外学生的学校，是美国为解决公立学校面临学生高缺席率及高退学率的经营困境，从 20 世纪 70 年代开始在各州大都市地区普遍建立的具有特色和允许学生跨学区就读的学校。特许学校是通过与州的相关机构或当地学校委员会签订合同而建立起来的公立学校，合同涉及学校的使命、计划、目标、评价方法等，期限一般为 3 ~ 5 年，这类学校可免受许多传统公立学校需要遵守的规章制度的约束，但在享有自主权的同时需要承担绩效责任，如没能实现办学目标，将会被关闭。

---

① 英国特色高中建设［EB/OL］. (2011 - 09 - 26). http：//wenku. baidu. com/view/777ec 497dd88d0d233d46a9c. html.

磁石学校和特许学校一般都具有优良的教育质量，在激励公立学校增强竞争力、促进教育教学质量的提高和满足公众多元化的教育需求等方面能发挥良好作用，所以得到联邦和当地政府的法律、政策和资金等多方面的支持，但这些学校只是一种新型学校，没有经过评选，因此不能算是严格意义上的特色学校。但美国联邦政府对特色高中或优质高中的评选政策和办法很少，到目前为止，较典型的也只有"蓝带学校计划"，因此一些报纸和杂志也顺应形势与民意，采用自己的评估标准积极参与美国优秀高中的评选，最有代表性的是《新闻周刊》和《美国新闻与世界报道》所评选出的美国最好的高中。

"蓝带学校计划"是由里根时期的教育部长贝内特于 1982 年发起的，计划分为"中学认可计划"和"小学认可计划"，目的是通过公开确认那些在"学校改革运动"中表现突出的公立或私立学校，以引起全国的关注，并从中汲取可借鉴的实践成果。而蓝带学校指的是在领导、课程、教学、学生成就和家长参与方面具有杰出表现的学校。但由于"蓝带学校计划"在评奖过程中出现的问题及人们对评奖结果的非议，小布什政府曾打算废除此项计划，可几经研讨，最后决定对计划进行修订，并于 2002 年提出新的"不让一个孩子掉队——蓝带学校计划"，但此项新计划的评价标准又脱离了以往的评价标准，所以 2003 年美国学者巴特·提尔创办非营利性民间组织"蓝带优质学校协会"，坚持推行里根时期的"蓝带学校计划"评价标准，因此美国出现一南一北、一民间一官方的两种"蓝带学校"评价标准和评选活动。

2003 年 9 月 17 日，美国教育部长罗德·佩奇宣布首批 214 所获得"蓝带学校"奖的学校名单，同年 10 月 2 日又补充 19 所学校名单；2008 年 9 月 9 日，教育部又公布 320 所当年获得"蓝带学校"奖的公立和私立学校名单，每所学校校长和一名教师代表参加当年 10 月 20 日至 21 日在华盛顿举行的庆典。这是联邦政府所实行的新"蓝带学校计划"。这项新计划的评价标准规定，学校必须符合下列标准之一才能获得提名：其一，学校学生 40% 以上来自弱势群体，且在过去 3 年的数学和阅读测验中成绩显著提高；其二，不考虑生源背景，学校参加所在州统一测验，数学和阅读成绩达到前 10%。另外评估标准每年还略有调整，但常以"学生核心和支持、学校组织和文化、挑战性的标准和课程、主动的教学和学习、专业社群、领导和教育活力、学校家庭和小区伙伴关系、成功指标"八大范畴为主要内容，并且凡属于美国五十州、哥伦比亚特区、波多黎各、维京群岛、印第安事务局和国防部所属的 K－12 学校，都可提出申请，参与评选。从所有的评估标准来看，获得"蓝带学校"奖的学校，必须在提高学生的学习成绩和促进教育机会的平等方面业绩突出。

　　巴特·提尔的"蓝带优质学校协会"认定的"蓝带学校计划"评选标准与联邦政府的新"蓝带学校计划"评选标准不同。协会的评选标准涉及"对学生的关注和支持、学校组织和文化、课程、教学、教育技术使用、教师专业发展、领导力、家校互动、学生评价"等方面，而且每个方面还有若干细化的标准，共一百多条。但不管如何，内容必须涵盖以下几个方面：第一，以学生为本，将学生置于首位，学校要有以学生需要为中心的发展计划，鼓励学生参加课外活动，同时能为转学、插班、升入新年级的学生提供特殊服务，使其适应新环境；第二，学校在组织和文化方面要形成支持学习与保护学生的文化氛围，师生要形成良好关系，学生间要形成积极健康的文化，校园环境要安全有序；第三，学校在课程和教学方面要注重学生个性的形成，要发展学生的人际交往、技术运用等方面的技能，帮助学生为将来面对复杂多样的社会做好准备，要不断更新课程，要具有独特的课程设计与一致的课程目标，要超越最低标准，激发学生潜能，要支持学生自主学习，为个体和小组合作学习提供帮助，要有除教材以外的其他教学资源；第四，教师要有合作促进学生业绩的能力，教职工要组成专业社团，交流分享不同的职业经验，教师还要学会将学生测验、教师评价和学校评估结果运用于自身专业水平的提升；第五，领导者要关注学校发展目标的实现，请校内外的利益相关者参与领导和决策，包括请家长参与孩子的教育过程，利用学校与社区教育资源为师生和家长提供学习机会；第六，不过分强调成绩并不等于忽视学生评价，学校不仅要有统一的学生评价策略，而且教师间还要交流各项评价数据，根据评价结果改进教学和学校发展，同时要为学生提供可选择的多元评价方式。而在这些众多的标准中，巴特·提尔认为最重要的是学校的文化和领导力，他指出"学校应从一种低期待的文化转变为高期待的文化，而领导力则是实现这一转变的动力"。

　　美国权威杂志《新闻周刊》首次对美国优秀高中进行评选是在 1998 年，所采用的评选公式由《新闻周刊》特邀记者和《华盛顿邮报》教育版记者杰伊·马休斯设计，该公式为：校得分（也称为挑战指数）等于全校学生参加大学先修课程和国际大学预科两种考试的人数除以毕业班人数。该公式的独特之处在于它不看重高中所拥有尖子生的数量，也不看重考试通过率，而是关注学校教学目标是否能把大多数学生带入大学。它是一份衡量学校水平的排名，而不是衡量学生好坏的排名。采用这个公式进行评选，《新闻周刊》分别在 1998 年、2000 年、2003 年、2005 年、2006 年、2007 年和 2008 年公布了"全美高中排行榜"。2000年有 494 所高中的挑战指数达到或超过 1，进入最佳高中排行榜；2003 年有 739所，2005 年有 1 042 所，2006 年有 1 068 所，2008 年有 1 425 所。当然，由于这一排行榜是评选那些努力将普通生带入大学的高中，因此一些生源很好的高中反而没有被列入候选名单，像在美国享誉盛名的纽约曼哈顿下城的公立学校史蒂文森高中等。

《美国新闻与世界报道》首次对美国优秀高中进行评估遴选也是在 1998 年，该刊确立的优秀学校评估标准是一个被称为"价值附加"的统计和分析模式，该模式的可取之处在于不仅参照学生的考试成绩，还将学生的家庭背景作为一项必不可少的考虑因素，不论学生家庭贫穷与否，只要能将其教育得比预期的好，就是好学校。该刊在评价学校时所考察的四个维度是：其一，公立学校学生在州举办的数学、英语考试中的成绩，这是衡量学生学习好坏时普遍使用的标准；其二，参加学术性测验或学术能力测验的学生比例，这个数据可让人了解有多少学生计划升入大学本科；其三，有多少学生参加大学先修课程考试，用参加大学先修课程考试的学生数除以学校毕业班学生总数可得出一所学校是否鼓励全体学生修习具有一定难度和挑战性课程的数据结果；其四，看学生的保持率，主要是看保持全年出勤的 9～12 年级学生在全校学生总数中的百分比，这可衡量学校是否设法让学生把精力用在课堂上。除此之外，该刊还有补充说明优秀学校评选标准的数据，如学校学生人均支出需在 6 812 美元以上，其中 82.5% 用于支付教职工工资，低于这个标准就无法吸引最好教师，也无法保证教学质量；平均每 7.8 个学生要有一台计算机，学校 1/3 以上教室的计算机要可登录、访问网站；教师轮换、调整比率不得高于总数的 6.7%，以保持教师队伍相对稳定；每月学生暂时停学、开除学籍、被拘捕等事件不得多于五起等。采用这种"价值附加"新模式，该刊在美国最具代表性的纽约、波士顿、芝加哥、亚特兰大、底特律、达拉斯—福特·沃斯 6 大城市的公立、教会和私立的 1 053 所高中中最终评选出 96 所优秀高中。另外，该刊还总结了办学成绩优良的学校的共性，并将之作为评估标准和方法。第一，看学校是否选择富有挑战性的核心课程。在美国，各州教委规定，毕业生须通过核心课程考试，联邦教育部建议，数学、科学、社会学科等课程学习至少三年，英语学习至少四年；该刊评选优秀学校，对学生要求更严格，规定学习外语时间至少三年，学习数学和科学时间至少四年，且须有一定深度，像数学课程要学习代数二级、三角函数和微积分。第二，看学校是否有高标准和严要求，鼓励学生取得优等成绩，或选择大学先修课程学习。第三，看新老教师是否能传、帮、带，对新教师是否有辅导计划。第四，看家长是否参与学校管理，学校是否建立家校联席会议制度。第五，看学校是否设立教师辅导制度，要求教员每周留出至少一小时时间，与学生探讨学习技巧、大学申请及社会问题等。第六，看学生的出勤率是否达到 95%。该刊根据这一评估标准和方法对美国 48 个州的 21 069 所高中进行分析，评出 100 所金牌高中、504 所银牌高中、1 321 所铜牌高中，其中 42 个州至少有一个金牌或银牌高中，并于 2008 年 12 月公布这次评选的"美国最好高中"名单。①

三、日本中学特色学校建设

日本中学特色学校诞生于教育改革。21 世纪以后，日本继续进行高中教育改革，包括制订和实施部分特色高中计划，并将特色高中建设作为高中阶段学校教育改革的主要目标。为了更好地培养中学生多样化的能力和兴趣爱好等，最大限度发展学生个性，提高教育质量，增强学校在市场中的竞争力，日本文部科学省从 2000 年开始实施"高中教育改革推进计划"，从教育制度、课程设置、管理方法、教学内容等方面进行改革，建立各种特色高中，促进学生个性化发展，满足社会发展对各种不同类型人才的需求。2002 年 1 月，为提高学生的学习能力，文部科学省公布《劝学》，其内容主要包括 5 个条款：第一，通过细致的指导，让学生掌握基础知识及学习与思考的能力；第二，通过发展性的学习，针对每个学生的个性，提高各自的能力；第三，通过体验学习的乐趣达到提高学习欲望的目的；第四，扩充学生的学习机会，让学生掌握好的学习习惯；第五，推进以提高学生学习能力为目标的特色学校的发展。其中第五条为日本特色高中的诞生提供了动力。总之，进入 21 世纪以来，日本对高中教育制度进行了如下改革：第一，设立综合学习高中，这类高中至 2007 年已发展到 298 所；第二，设立学分制全日制高中，这类高中与学年制高中不同，它可以确保学生根据自己的学习计划，在必修科目之外，凭着自己的进度，选择自己感兴趣的科目，这类高中至 2002 年已发展到 431 所，至 2007 年已发展到 738 所；第三，实施定时制、通信制高中教育，该类高中至 2007 年共有在学人数 182 517 人；第四，规定高中期间的校外学分，《学校教育法实施规则》第 63 条第 5 款规定共 36 分计入毕业所需总学分；第五，设立初高中一体的 6 年完全中学，该类高中至 2008 年已发展到 257 所；第六，改革公立学校管理体制，设立社区学校，并于 2005 年建立学校管理协议制度；第七，对因故未毕业的高中生实施高中毕业程度认定考试制度，并于 2006 年开始实施。在对高中教育制度进行改革的过程中，日本中学特色学校的建设模型有超级科学高中、超级英语高中、改革示范高中、学力示范高中、双轨制职业高中和超级职业高中。

超级科学高中是文部科学省针对学生因长期受标准化考试政策影响而对科学

---

① 美国高中特色学校建设［EB/OL］. (2011 - 09 - 26). http：//wenku. baidu. com/view/0e914e7201f69e314332949f. html.

与数学产生厌学的状况和应对科技的迅猛发展而实施的一项科技人才培养计划，文部科学省意识到只有通过促进科学与数学的研究，才能培养出具有高创造性的学生。2001 年 3 月日本提出"科学和技术基本计划"，培养学生在科学和技术方面的创造性，也包括为英才学生开发科学和数学课程。2002 年文部科学省公布"超级科学高中计划"，为英才学生在数学、物理、化学、生物和地球科学等领域发展一门课程，加快理科教育课程开发，推进高中和大学及研究机构（科研单位）之间的合作性研究，培养国家科技人才。该项计划从当年开始实施，文部科学省选择 26 所高中来进行，每所高中参加 3 年，当年该项计划的财政预算约 600 万美元，2003 年增至 52 所高中，财政预算为 900 万美元，2009 年增至 102 所高中。文部科学省充分考虑到学校的教育水平和各地区之间的平衡，因此指定的超级科学高中几乎都拥有较高的升学率，且分布在全国各地。超级科学高中虽由文部科学省指定，但招生由各校负责，3 年后文部科学省据各校的实施效果，决定是否予以延长。超级科学高中具有一些共同的特点：其一，加大与大学和科研机构的合作力度，依靠大学及研究机构的协助与支援，邀请大学教授和研究人员到高中讲课或开设各种讲座，并允许学生到大学听课；其二，高中加强与各研究领域的一线研究人员及技术人员之间的交流，利用大学及研究机构的资源让学生进行各种实验和实际操作，增加学生接触尖端科技的机会；其三，学校致力于开发新课程，理科课程难度大多超出学习指导要领的范围，以培养和提高学生的理论思考能力、想象力和创造力，学校的主要特色课程有大学教授的讲座、数学与其他学科组合的新课程、高中数学新课程和新主题的体验、技术的使用等；其四，各学校不断充实课外科学小组的活动内容，加大理科高中之间的交流。而为实现上述共同目标，大部分超级科学高中都设置有"超级科学高中运营指导委员会"，委员除来自高中、大学和研究机构之外，还来自经济界或产业界。这类高中比较出名的有早稻田大学附属本庄高等学校等。

超级英语高中是文部科学省为推广英语教育先进经验而进行的一项计划，这项以英语为重点学科进行课程开发、实现大学与高中顺利对接的"超级英语高中推进计划"，研究期限也是 3 年。从 2002 年 4 月开始，文部科学省就指定了 18 所超级英语学校，并规定了这些学校所要开设的常规课程，要求这些学校使用英语讲授科学和数学课程，运用互联网和海外兄弟学校合作等，并于当年为这些学校提供 8.1 亿日元的资助。这类高中比较有名的有东京都立国际高等学校等。

改革示范高中是文部科学省根据学生、家长、社区和社会需求，委托地方教委实行的一项提高教育质量的实践性研究计划，主要研究内容是根据学生多样性需求充实与改善高中教育，包括巩固义务教育阶段教育内容、确立高中毕业阶段目标实现体系、研究综合选择制课程形态和设立特色学科等；根据社区与社会需要，制定满足社区和社会需求的对应性措施；制定教育活动、学校管理评价和质量保障的政策措施；改善和加强六年制完全高中教育，加强与大学的联系和协作。这类高中有颖明馆中学·高等学校等，这类六年一贯制中学重视学生基础学力的培养和高考科目的教学，学生毕业升学成绩也不错。

学力示范高中是文部科学省根据学校和社区的实际情况，以综合提高学生的学习兴趣、欲望、热情和能力为主要目标，并由各地方教委负责将取得的成果向区域内其他学校推广的项目研究计划。这类高中以课题研究为主，实施周期也是3年，在全日本设有39个示范区，337所示范高中。这类高中有名的有东京都立新宿山吹高等学校等，学校实行学分制的分部定时制，采用这种灵活的分部式学制（四部授课制）能缩短学生在校逗留的时间，使学生感到比较轻松自由，乐于到校学习。

双轨制职业高中是文部科学省为提高复合型人才教育质量，在以职业教育为主的职业高中当中开展"日本式企业与教育连接性人才培养调查"，与企业密切合作共同探讨，寻求有效的结合方法与途径，为制度建立提供有力的实证材料和案例分析的教育计划，这类高中参与调查的周期也是3年，由参与的高中自主选题，然后向文部科学省申报，并负责总结经验，向其他职业高中推广。

超级职业高中是为支援培养各行业专门技能人才的职业教育，促进职业高中进一步发展，由日本政府相关部委于2005年6月18日共同推出的一项推广计划。计划内容包括强化职业高中与当地企业界、研究机构的协作关系，与用人单位共同培养专门技能人才，开发实用型新产品，为职业高中毕业生取得更高资格的学历，发挥职业高中的技术优势开展海外合作，申请研究成果的专利等。这类职业高中的研究实施周期也是3年，在全日本有28所。

日本中学特色学校尽管建设模型不同，但都将"特色化""个性化"作为立足于社会的追求目标，通过努力创新，积极开发特色课程和开展特色活动，不断营造特色学校文化，有针对性地进行个性化指导，大力创建新型学校。①

四、瑞典中学特色学校建设

瑞典是当今世界教育水平最高的国家之一，尤其基础教育堪称世界一流，在世界基础教育先进国家的排行上名列前茅。先进的教育理念和教育制度，独具特色的教育机制，民主讨论的高效课堂，是瑞典高中教育最显著的特色。从20世

---

① 日本高中特色学校建设研究［EB/OL］.（2011-09-26）. http：//wenku. baidu. com/view/dfa9f124a5e9856a5612609f. html.

纪 70 年代以来，瑞典坚持面向每个学生，不断推进以综合化为特征的高中教育改革，综合化高中体现出瑞典教育民主化和均等化的理念。至今，这个国家在以学习方向为平台的课程改革和完善评价制度及实行学分制等方面，都体现出高中特色化办学的实质。

首先，瑞典高中特色化办学体现在课程设置的特色上，课程类型实行国家课程与地方课程的结合，课程结构实行核心学科和专业课程及选修课程的组合。在经过 20 世纪 60 年代、70 年代和 90 年代的高中教育综合化改革以后，高中阶段打破文理学科分界，注重跨学科知识整合和跨学科协同研究教学，发挥合作效能，实行了免费的一体化教育，不再划分普高和职高等，且集升学与就业于一身，因此只按专业大类划分不同的学习方向，以组织课程和教学，学生无论选择学术性还是职业性的学习方向课程，均能接受完全等值的教育。其高中教育阶段设计三种学习方向，即国家学习方向、特别设计的学习方向和个别化学习方向。第一，国家学习方向是国家制订的面向大多数结束义务教育的学生的课程计划。按专业大类，确定 17 个国家学习方向，在这些国家学习方向中，不论是以学术为定向还是以职业为定向，所有的学习方向均提供宽泛的普通教育，使学生接受等值教育，毕业后能具备接受高等教育的基本资格。学生可据兴趣爱好选择其中一个国家学习方向课程，但同时必须学习共同核心学科，核心学科约占总学时的1/3，其余为专业课和选修课。一所学校可开设一个或若干个国家学习方向，突出办学特色。第二，特别设计的学习方向，主要面向那些有特殊兴趣的学生选择未由国家学习方向覆盖的课程，它的教育水平和学习年限与国家学习方向课程相等，但在课程设计上，它是部分国家学习方向与地方设计的课程的组合。第三，个别化学习方向，主要面向那些义务教育结束后没有资格进入国家学习方向课程的学生，通过选择个别化学习方向课程，使其尽可能达到国家学习方向或特别设计的学习方向的国家标准，之后继续接受普通高中教育。市政当局可根据学生的需要和兴趣设立与国家学习方向相衔接的个别化学习方向，且学习期限和内容可有所不同。

其次，瑞典高中特色化办学也体现在实行学业等级评价的特色上。其学业评价方法不按学科或学期评价，而按每门课评价，每完成一门课就给予评价等级，一个学科可有若干门课。教学等级评价分为不及格、及格、良好和优秀四等。教学大纲对每个等级标准都作出具体规定，某些学科还进行国家测试，以保证校际间等级评定的可比性。如有学生没达到及格，也有权重修该课程，如校长、学生和家长同意，学生也可重读一年。2008 年教育署又出台义务教育和高中教育新的等级评定标准的立法草案，增加 2 个评价等级，由原来的 4 个增至 6 个，以提高评价的精确度。每个等级用字母表示，即 A、B、C、D、E、F，A 至 E 等级水平代表及格，F 代表不及格，同时每个字母等级还对应一个分值，A 对应 20 分，B 对应 17.5 分，C 对应 15 分，D 对应 12.5 分，E 对应 10 分，F 对应 0 分。如学生缺勤等，不能评价其是否达到所需的知识目标，则不给予等级。新等级标准能让教师更为准确地评价学生的知识和达到目标的程度。

再次，瑞典高中特色化办学还体现在实行学分制的特色上。其依法设立的学分制从 2000 年 7 月 1 日起就开始实施，高中学分表在教育法中列出，三年高中教育总计 2 500 个学分，核心学科、专业课和选修课的学分比重分别占 29%、59% 和 12%。每个学科可由一门或若干门课组成，每门课均有教学大纲，国家教学大纲由国家教育署制定，地方教育当局和学校可据本地情况开发地方课程，每门学科的学分为 50、100、150、200 个学分不等。在所有的学习方向中，学生可有 300 个学分的选修课程，艺术和自然科学学习方向应至少达到每课时为 60 分钟的 2 150 个课时，其他国家学习方向应达到 2 370 个课时（有保障的教学时间）。从 2001 年开始，选择艺术、自然科学和社会科学 3 个学习方向课程的学生可以最低限度用 2 180 个课时完成高中阶段学业，选择职业性学习方向课程的学生可以最低限度用 2 400 个课时完成学业，学生完成一个学习方向所要求的高中学分的总数就可结业，正常学习期限为三年，然而在课程和学分制度下，学生也可用比三年学制略短或略长的时间修完高中学业，这样可增加高中教育的弹性。①

五、我国中学特色学校建设

我国中学特色学校建设是由中央教育科学研究所全国教育科学规划办公室推行并实施的一项中学教育发展行动计划。2009 年全国教育科学规划领导小组办公室正式推出专项课题"普通高中特色学校建设的实验与研究"。2011 年 9 月 6 日，中国教育科学研究院发布普通高中特色学校研究专项课题推进会优秀成果。这些成果分别为安徽安庆二中"让人文德育成为滋润生命成长的沃土"、宣城三中"办人民满意教育，走特色发展之路"、淮南一中"'分层施教＋资源共享＋合理的教育机制'是目前普通高中较为适合的特色办学模式"、淮北一中"创建'天文教育'特色学校的实践与研究中期成果"、北京北师大实验中学"全程精细化管理的实践探索"、陈经纶中学"构建素质教育平台的办学特色实践研究"、六十五中"民族文化教育的实践研究"、广渠门中学"在课题研究中形成学校特

---

① 瑞典高中特色化办学［EB/OL］.（2011 - 09 - 26）. http://wenku.baidu.com/view/9780f3240722192e4536f69e. html.

色文化"、通州区潞河中学"潞河中学校本课程建设的实践与思考"、育才学校"发挥十二年学制优势,创办育才学校特色"、二十五中"拓边固本,以外促内"、丰台区二中"实施文化管理,创建特色学校"、六十一中"坚持国际化办学,促进学校特色发展"、育英学校"让'西柏坡精神'流淌在育英人的生命里"、海淀区教师进修学校附属实验学校"以教研文化切入构建研究型学校文化的探索"等,辽宁沈阳东北育才学校"为拔尖创新人才培养搭建开放多元平台的实践研究"、沈阳铁路实验中学"促进教师专业成长的校本培训有效策略研究"、沈阳同泽高中女中部"推行需要教育,引领超越发展"、大连经济技术开发区一中"基于'多元'理念的校本课程开发"、二中"普通高中学生社团性质与存在的问题"、五中"构建传媒课程体系,助推普高特色发展"等,吉林东北师大附中"'基于课程的主体性德育的理论与实践研究'课题推进情况"、通榆实验高中"注重科研引领,推动多元办学",黑龙江省实验中学"打造高品位学校文化,实现学生发展最大化"、大庆实验中学"大庆实验中学人生规划意识教育"、哈尔滨三中"依托课程体系,构建创新型人才培养模式"等,内蒙古赤峰市乌丹一中"以打造有效课堂为依托推进特色高中创建"、乌海市一中"'普通高中精细化管理特色学校研究'课题进展",河北邯郸一中"'彰显生命教育特色的全面育人'特色学校创建工作汇报"、衡水中学"让校园内每一个人的梦想都能绽放"、石家庄一中"'以生命教育为核心的校园文化建设'中期成果"、石家庄四十一中"打造特色教育学校,提升综合办学水平"等,河南平顶山二高"平顶山市二高特色德育的形成与构建",山东济南长清一中"对'五环四步'小组合作教学模式的理论探究与实践"、日照一中"实施'师生成长共同体'工程,促进师生和谐发展"、日照实验高中"建构全员育人导师制下教师专业成长的有效模式"、荣成二中"实施'点线面育人策略',促进学生基础素养的发展"、沂南一中"自主合作探究,构建高效课堂"等,湖北武汉睿升学校"变革高考'独木桥',构建成才'立交桥'"、华中师大一附中"'自主创新学习、多元优质发展'特色学校建设实践",湖南长沙一中"选准亮点,集中才智,努力争创全国高中特色学校"、长郡中学"传承'朴实沉毅',陶铸时代群英"、雷锋学校"雷锋精神——永远放光芒的中国制造的世界品牌"、明德中学"让每个学生在全面发展的基础上带着一门特长出校门"、雅礼中学"立足课程建设,推动学校特色发展"、常德二中"'创新中学生社会责任感教育的实践研究'初显成果"、耒阳一中"继承优秀传统,创新德育体系"等,江苏南京师大附中"'普通高中特色学校研究专项课题'工作汇报"、南京大厂高中"开拓艺术振兴之路,构建多元发展立交桥"、南京十三中"自主体验,自主发展"、南京三十四中"'O'形教学法的构建和操作"、金陵中学"整体构建以创新为基点凸显少年精神的普通高中特色学校的实践研究"、金陵中学河西分校"整体构建普通高中'生活为源，生命为本'特色学校的实践研究"中期成果、梅园中学"弘扬伟人精神价值，追寻学校文化愿景"、南京外国语学校"培养有中国灵魂和世界胸怀的现代人"等，浙江杭州长河高中"宏志精神引领下的学生精神成长的行动研究中期成果"、宁波中学"'基于教师全程发展、个性发展的校本研修特色研究'中期成果"、传媒学院实验中学"激扬学生生命，实现特色跨越"、宁波鄞江中学"'让美成为所有学生的精神动力和生活方式'中期成果"、宁波镇海中学"品质教育特色研究中期成果"、宁波镇海区龙赛中学"高中励志教育实践模式研究中期成果"、丽水外国语实验学校"'动力优势组织'教育模式的探索与思考"、慈溪中学"中英文写作：从语言出发，抵达个性化的思想情感"等，上海储能中学"高初中互动教育，打造特色学校"、晋元高中"创新'选择教育'，建设优质学校"、交通大学附中"搭建生涯发展规划平台，丰富创新人才培养课程"、比乐中学"建设学生组织，实现'比优乐学'"、七宝中学"办学特色引领学校内涵发展"、民星中学"以信息化为引领，优化教育教学管理过程"、南洋中学"发展科技创新特色，推进学校文化建设"、回民中学"和而不同特色显"等，广东番禺中学"立己达人，孝行天下"、番禺区大岗中学"'sts特色教育学校建设的理论与实践研究'阶段研究工作报告"、培正中学"开展生命化课堂教学，彰显培正红蓝特色文化"、仲元中学"'三动'模式促发展"、汕头华侨中学"'高中教育教学资源整合运用实效性研究'课题进展"、深圳南头中学"智慧圣殿存百年浩气，人文校园盈万卷书香"、深圳第二实验学校"成长为先，追求卓越"、肇庆中学"'三自五修'特色育人实验研究进展"等，广西百色市田林高中"学校是保护传承少数民族文化的重要阵地"、百色高中"让壮乡学子与时代接轨"、南宁二十六中"建网上心灵之家，拓学校心育之路"、北海铁山港区南康中学"农村中学，路在何方?"、北海五中"西部地区农村流动人口、留守儿童学校普通高中特长生'合格＋特长'培养模式的研究课题中期成果"、北海一中"以课题研究为引领，创建特色学校"，海南华侨中学"'青少年设计与制作能力问题发展研究'进展"、琼州学院附中"传承黎族文化，培育乡土情感"，云南寻甸县民族中学"扎实推进课题研究，推动学校特色化发展"、玉溪民族中学"以养成教育课题研究为抓手促进学校特色发展"，重庆巴县中学"实施科技教育，建设特色学校"、四川成都玉林中学"多元办学背景下的特长生培养初探"、成都通锦中学"'铁'色文化统领发展，通达课程铸造特色"、双流棠湖中学"聚焦课堂教学改革，全面实施素质教育"、德阳五中"'博'之文化引领发展，特色五中追求卓越"，陕西西安高新一中"国际视野下教师和学生一起成长"、西安交大附中"全面育人，尊重个性，开发潜能，彰显特色"，西藏民院附中"创建'现代、民族、育人'学校文化特色研究中期成果"，宁夏银川高中"农村地区普通高中教育的实践与思考"，甘肃敦煌中学"立足民族特色，做亮民族教育"、兰州大学附中"以学科活动强化创新教育，推进学校特色建设"、靖远四中"以新课程背景下的通案式目标教学为契机，提升薄弱高中办学理念，走特色高中之路"、天水一中"优化学生学习过程，促进学生持续发展"、武威一中"创建艺术教育特色学校的主要做法及思考"、张掖中学"普通高中特色学校建设的初步探索"，新疆乌鲁木齐七十中"'建设区域特色课程，促进教师专业成长，凝练学校办学特色质的研究'中期报告"。

中央教科所发布的这些优秀成果，从很大程度上直接推进了各省市普通高中特色学校的建设和发展。直至目前，各省市相关的建设方案均已出台，试点工作的通知及首批试点学校的名单也均已公布。

例如，2011 年 8 月 22 日，辽宁教育厅颁发《关于加强特色普通高中建设工作的意见》（辽教发 2011 年 102 号文）。《意见》主要指出，为贯彻落实国家和省中长期教育改革和发展规划纲要精神，推进全省普通高中特色发展和多样化发展，全面提升全省普通高中办学水平，现就加强全省特色普通高中建设工作提出如下意见。第一，统一思想，进一步提高对加强特色普通高中建设工作重要意义的认识。①加强特色普通高中建设，是世界高中教育发展的共同主题，是今后中国高中教育改革和发展的重点方向。②加强特色普通高中建设，是落实我省《纲要》精神的重要举措。③加强特色普通高中建设，是普通高中自身发展的需要。第二，准确定位，进一步把握特色普通高中建设的主要内涵。①特色高中是在高中特色化发展中逐步成长起来的。普通高中特色化发展是通过办学体制机制多样化、办学模式多样化、培养模式多样化、学校课程多样化、资源开发多样化、评价方式多样化等实现的。②特色高中是在全面贯彻党的教育方针过程中，办学主体根据自身的传统优势逐步形成的办学水平较高，育人效果显著，个性风格鲜明稳定的学校。③在创建特色普通高中过程中，要遵循以下基本原则：优质性原则、校本性原则、稳定性原则、全体性原则、长期性原则。第三，科学规划，进一步明确特色普通高中发展的目标任务。①我省创建特色普通高中的总体目标任务：经过今后 5 年的努力，使我省一批普通高中学校形成独特的学校文化、鲜明的办学特色、丰硕的育人成果和较高的办学品质，成为"省内知名、国内有影响"的特色普通高中学校。在全省形成"办学体制灵活多样，特色普通高中布局合理"的普通高中特色建设新格局。到 2015 年，全省形成 50 所科技、艺术、外语、体育、数理、人文等特色普通高中。②我省创建特色普通高中阶段性目标任务。第一阶段（2011 年 9—12 月）全省所有普通高中各选定至少一个项目作为学校重点培育的特色项目，深入开展调查研究，认真分析现有基础，在系统思考和科学论证的基础上，明确目标，理清思路，制定学校特色项目的建设规划（方案）和相应的建设措施，力争一年初见成效。第二阶段（2011 年 12 月—2014 年 12 月）各学校根据规划，全面开展特色学校的建设活动。不断探索和创新建设的形式、途径、方法和机制，有效促进学校的快速发展，力争三年有明显成效。全省有 50% 以上的学校培育的特色项目在区域内产生较好影响。第三阶段（2015 年 1—12 月）全省至少 50 所高中学校特色建设与学校文化建设有机结合，形成科技、艺术、外语、体育、数理、人文等特色，成为我省教育的品牌。第四，明晰思路，扎实推进特色普通高中建设。①正确认识和遵循普通高中特色建设规律。②结合学生实际，建设特色化课程体系。③结合教学实际，培养特色教师。④结合地域实际，强化资源建设。⑤结合学校实际，建设学校特色文化。⑥提高特色学校创建水平要以科研引领为支撑。第五，健全制度，保障特色普通高中建设的顺利实施。①统筹规划，理念引领，培训跟进，合力推动特色普通高中创建工作。②落实责任，加大投入力度。③规范管理特色高中创建工作。④引导特色高中健康竞争。⑤支持特色高中长期、稳定、健康发展。《意见》同时附上辽宁省特色普通高中实验学校指导评估细则。

　　2011 年 12 月 1 日，广西教育厅正式下发《关于开展综合高中试点工作的通知》，附件是广西特色普通高中试点学校申报书。《通知》明确指出本次试点工作的指导思想、目标任务、工作原则、试点范围、特色定位、工作步骤、工作要求和试点申报等方面的内容。其中"目标任务"一项指出"通过试点工作，探索普通高中特色化发展规律，促进普通高中科学定位发展方向，形成办学模式、课程设置、培养模式、培养目标的多样化，建设一批办学特色鲜明、人才培养成果显著的特色普通高中，发挥试点学校的引领、示范作用，为全区推广特色普通高中建设积累经验"；"试点范围"一项指出"在校生规模不少于 800 人，办学条件和教师队伍能满足学校特色发展要求，能为学生的多样化发展提供有效的学习选择，特色人才培养质量较高，在当地有较好的社会影响的普通高中学校，均可申报参与试点。首批试点原则上每市限推荐一所学校"；"特色定位"一项指出"学校领导改革愿望强烈，改革态度积极，办学行为规范，注重学生的全面发展，不片面追求高考升学率。学校在艺术生培养、体育生培养、科技创新人才培养以及外语教学等人才培养目标方面有特色"。2013 年广西教育科学规划领导小组特色普通高中试点建设项目办公布自治区 22 所第一批特色高中建设试点学校。

这 22 所学校分别为南宁五中、广西大学附中、南宁华侨实验高中、南宁上林县城关中学、柳州铁二中、柳州三中、柳州民族高中、柳州三江中学、柳州柳江县实验高中、来宾武宣县二中、桂林一中、桂林五中、广西师大附中、贵港艺体高中、贵港平南县大安高中、玉林容县中学、梧州八中、钦州灵山县二中、防城港东兴中学、百色田东县实验高中、百色学院附中、来宾武宣县二中。同年 4 月 9 日，广西教育科学规划领导小组下发《关于公布广西教育科学"十二五"规划 2013 年度广西特色高中试点建设专项课题的通知》。《通知》公布 26 项课题，并明确经费支持和课题管理等事项。这 26 项课题安排为广西教育厅基础教育处罗索处长负责"广西特色高中建设探索与实践"、广西教育厅基础教育处覃伟合负责"广西特色学校发展研究"、柳州市教育局撒忠民负责"柳州特色高中校本特色潜力开发实验研究"、广西师范学院继续教育学院赵宏负责"广西特色高中试点学校建设与管理研究"、广西师范学院教科院吴训慈负责"广西特色高中评估标准的探索与研究"、柳州铁二中覃桂宁负责"创建优质艺术体育特色高中的实践研究"、桂林一中汪松负责"新课程背景下'科技创新人才培养'特色普通高中学校建设的实践研究"、南宁五中邓小津负责"艺术特色高中校本课程资源"、玉林容县中学杨转邦负责"普通高中特色发展策略研究"，贵港艺体高中李子辉负责"普通高中多样化、特色化发展研究"、柳州三中蒋桂华负责"特色高中示范性课程体系与文化构建的研究"、梧州八中廖宇负责"高中特色发展，构建快乐校园文化"、柳州三江中学李吉祥负责"三江侗族多耶舞文化引进校园研究探索"、防城港东兴中学黄中华负责"'边海'学校文化建设的探索与实践研究"、钦州灵山县二中邓存东负责"以特色学校建设为载体，促进农村高中整体优化发展的研究"、柳州柳江县实验高中马庆高负责"普通高中体育特色教学实验研究"、广西大学附中李志强负责"民办普通高中特色发展的实践与探索"、百色学院附中梁恒安负责"桂西地区普通高中艺术体育特色学科课程设置与人才培养模式的实验与研究"、桂林五中甘培荣负责"普通高中特色课程推进校园文化建设的策略研究与实践"、南宁华侨实验高中雷丽芳负责"留学生高中学历教育课程体系研究"、来宾武宣县二中韦友负责"农村普通高中艺术特色办学模式的研究"、南宁上林县城关中学邱克武负责"少数民族传统体育在特色高中建设中的价值与实验研究"、百色田东县实验高中陆恒负责"普通高中艺体教育研究"、广西师大附中刘晓荣负责"特色高中的特色化发展研究"、贵港平南县大安高中陈日强负责"农村普通高中音乐与舞蹈教学三步法"、柳州民族高中吴剑负责"民族团结教育与民族文化传承的研究"。同时，为促进广西普通高中多样化、特色化发展，加强特色高中建设，提高特色高中办学水平，广西教育厅于 2013

年 1 月 10 日至 13 日在柳州组织召开专场特色高中建设试点学校现场经验交流会。2013 年 6 月 19 日下午，广西教育科学规划项目广西特色高中试点建设专项科研课题开题论证会（桂林片区）在桂林五中举行，参加会议的专家有广西师院继续教育学院院长王屹、广西师大科研处处长梁福沛、广西师大教育科学学院院长孙杰远、桂林市教育局副局长时曦、广西特色高中项目办副主任吴训慈。

2012 年 6 月 15 日，江西教育厅发布《关于公布普通高中特色发展试验学校名单的通知》（赣教基字 2012 年 50 号文），《通知》主要指出，根据省政府办公厅《关于开展教育体制改革试点的通知》（赣府厅字 2011 年 47 号文）和省教育厅《关于开展普通高中特色发展试验的通知》（赣教基字 2011 年 81 号文）精神，省教育厅决定在部分普通高中学校开展特色发展试验。在学校申报和各级教育行政部门层层推荐的基础上，经省教育厅组织有关专家对各校申报材料和试验方案进行审核，确定南昌二中等 36 所高中为全省普通高中特色发展试验首批试点学校，各试验学校要深化教育改革，在办学模式、人才培养模式和教育评价模式等方面努力探索，勇于实践，为全省普通高中多样化发展和特色发展创造新鲜经验，省教育厅将组建专家组，对各地试验工作进行督导和指导，并在今后出台的政策扶持项目中对试验工作进展顺利、成效明显的学校优先考虑和安排，并附上普通高中特色发展试验学校名单。而具体的学校及其试验方向分别为南昌二中的国际化教育、南昌十九中的普通高中课程模式改革、南昌实验中学的艺术教育、南昌洪都中学的国防教育、南昌大学附中的教育信息化、南昌二十中的校园传媒艺术教育、九江外国语学校的多语种教学、九江六中的美术教育、永修县一中的羽毛球运动教育、上饶市音体美特色高中的音体美教育、婺源县天佑中学的普职融合、铅山县一中的课堂教学模式改革、东乡县实验中学的书法教育、资溪县一中的普职融合、崇仁县二中的艺术教育、高安中学的艺术体育教育、靖安中学的生态文明教育、宜丰中学的学生社团建设、丰城中学的高效教育教学模式改革、吉安市三中的数字校园建设、遂川县二中的普职融合教育、井冈山大学附中的体育美术教育、赣州中学的外语教育、赣州市四中的体育艺术教育、瑞金市一中的德育教育、南康市三中的科技创新教育、兴国县三中的农村高中分层自主学习模式改革、信丰县二中的体育艺术教育、景德镇七中的艺术教育、乐平中学的校园文化建设、浮梁县一中的体育教育、萍乡中学的创新型人才培养模式改革、上栗中学的学校教学模式和管理模式改革、新余市三中的体艺和科技创新教育、新余市六中的国学教育、鹰潭市一中的学生自主探究能力培养。①

2012 年 10 月 30 日，福建福州市教育局公布该市普通高中多样化、特色化建设工作方案，2013 年 9 月 23 日，发布该市关于普通高中多样化特色化建设试点学校的通知，并附上试点学校名单，共 20 所。这些学校和特色项目分别为福州二中的"中学生生涯规划与辅导"、三中的"卓越人才培养实验计划"、四中的"本校多元化课程与多样化人才机制的研究"、格致中学的"构建有格致特色的多样化可选择课程体系"、八中的"构建博雅课程培养创新人才"、高级中学的"领袖型高中生培养之探究——中学生领导力开发（中学教育教学改革）"、闽侯一中的"构建基于科技教育的学校教育教学体系"、屏东中学的"构建美育特色高中"、福建师大二附中的"船政特色主体构建与艺体学科多元发展"、外国语学校的"创建'复语，复合型'的外语特色学校"、三中金山校区的"健美教育"、格致中学鼓山校区的"科技教育"、延安中学的"德育文化创学科特色"、十五中的"综合实践活动特色"、十中的"立足生命成长的特色建设与文化追求"、鼓山中学的"风光互补发电"、闽清一中的"普通高中体育学科特色学校的建设"、民族中学的"校园畲族文化"、长乐高中的"艺术教育"、福清元洪高中的"行知学校"。

2013 年 11 月 6 日，云南教育厅公布首批普通高中特色发展实验学校名单。经各州、市教育局认真组织和推荐，云南共有 15 个州、市的 89 所学校进行申报。之后，省教育厅根据《云南省普通高中特色化发展实验学校创建标准（试行)》，组织专家对 89 所学校进行评审评议，确定 25 所学校为首批普通高中特色化发展实验学校建设单位，并给予每所学校 20 万元项目创建奖补经费。这 25 所学校分别是昆明市的云南师大附中、云南师大实验中学、昆明一中、昆明八中、昆明九中、昆明十中、安宁中学，曲靖市的曲靖一中、曲靖二中，楚雄州的楚雄一中，玉溪市的玉溪一中、玉溪师院附中，红河州的个旧一中，版纳州的西双版纳民族中学，大理州的大理实验中学、大理市一中、祥云县四中，保山市的保山曙光学校、保山实验中学、腾冲一中，德宏州的德宏民族第一中学，丽江市的华坪县一中，怒江州的怒江民族中学，迪庆州的迪庆民族中学，临沧市的临沧民族中学。②

2014 年 2 月 28 日，新疆教育厅发布《关于公布自治区第二批普通高中多样

① 关于公布普通高中特色发展试验学校名单的通知［EB/OL］．(2012 – 06 – 15). http：//www. jxedu. gov. cn/zwgk/zwggjx/2012/06/20120620103729491. html.

② 云南省首批普通高中特色发展实验学校名单［EB/OL］．(2013 – 11 – 07). http：//ccwb. yunnan. cn/html/2013 – 11/07/content_771449. htm? div = – 1.

化发展改革试点项目学校的通知》（新教基 2014 年 6 号文）。《通知》大致指出，根据《国务院办公厅关于开展国家教育体制改革试点的通知》（国办发 2010 年 48 号文）精神，按照《关于印发自治区普通高中多样化发展改革试点方案的通知》（新教基 2011 年 14 号文）和《关于组织申报自治区普通高中多样化发展改革试点项目学校的通知》（新教基办 2011 年 13 号文）的要求，教育厅于 2011 年 9 月批准乌鲁木齐八一中学等 21 所学校为自治区首批普通高中多样化发展改革试点项目学校。为鼓励更多普通高中学校积极进行多样化发展的探索，自治区普通高中多样化发展改革试点工作领导小组又组织专家对第二批申报自治区普通高中多样化发展的学校进行审核论证，确定乌鲁木齐第八中学等 7 所学校为自治区第二批普通高中多样化发展改革试点项目学校。这 7 所学校名单分别为乌鲁木齐八中、九中、十中、六十八中、和静县高中、博湖县博湖中学、温州大学拜城县实验高中。①

2014 年 4 月 10 日，浙江教育厅召开新闻通气会，公布杭州外国语学校等 32 所学校为首批省一级普通高中特色示范学校。同年同月 16 日，浙江省教育厅公布杭州西湖高中等 60 所学校为省二级普通高中特色示范学校。据浙江省教育厅副厅长韩平介绍，该省开展以创特色为主要内容的普通高中特色示范学校建设工作，是为切实改变普通高中长期以来严重影响学生学习主动性和个性发展的状况，积极转变育人方式，强化素质教育，增强学校办学活力，激发学生学习热情和教师教学积极性，加快普通高中多样化、特色化发展，提高普通高中教育质量和水平。该省这次普通高中特色示范学校评估，更重视学校特色课程开发，特别是高中新课改后选修课的设置，包括必修课程、校内选修课、校外选修课、选课体系、学分制管理、学生成长等 16 项指标。②

2014 年 6 月 25 日，河南教育厅发布《关于公布首批省普通高中多样化发展试点学校名单的通知》（教育厅办公室教基二 2014 年 548 号文）。《通知》主要指出，根据《河南省教育厅关于开展普通高中多样化发展试点工作的意见》（教基二 2014 年 501 号文）精神，在各地逐级遴选上报的基础上，教育厅组织专家

① 新疆第二批普通高中多样化发展改革试点学校名单 ［EB/OL］.（2014 – 03 – 03）. http：//www. 3773. com. cn/zhongkao/xinjiang/1095016. shtml.

② 2014 年浙江 32 所首批省一级普通高中特色示范学校名单 ［EB/OL］.（2014 – 04 – 11）. http：//www. 233. com/zhongkao/zixun/dynamic/zhejiang/20140411/115827855. html；2014 浙江省二级普通高中特色示范学校名单 ［EB/OL］.（2014 – 04 – 16）. http：//www. 3773. com. cn/zhongkao/ZHEJIANGZONGHE/1153746. shtml；浙江省首批共 32 所一级特色示范普通高中公布 ［EB/OL］.（2014 – 04 – 10）. http：//news. eastday. com/eastday/13news/auto/news/csj/u7ai1184415_K4. html.

对申报试点学校进行实地综合考察评估，研究确定郑州一中等 58 所学校为首批"河南省普通高中多样化发展试点学校"，安排专项资金对试点学校进行扶持，成立专家指导小组，为试点工作提供咨询服务和专业支持，分类督导试点工作进展情况，及时总结交流各地好经验，确保试点工作有序推进，同时确定将教育部向全国推荐的首批教育信息化试点工作典型的郑州二中和 2013 年被教育厅确定为"河南省创新教育实验试点学校"的郑州九中直接纳入试点工作范围，并附上试点学校名单。①

为响应《国家中长期教育改革和发展规划纲要（2010—2020 年)》提出的"注重教育内涵发展，鼓励学校办出特色"及时任总理温家宝于 2012 年教师节提出的"加快建立科学、多元的教育评价体系"的号召，国内领先的教育品牌传播机构——品牌时代国际传媒和中国百强中学网联合国内十多家教育媒体共同举办 2012 年首届"全国最具特色中学"发布会及颁奖礼。本次活动于 2013 年 1 月 6 日在北京大学博雅国际酒店中华厅隆重举行，首都师范大学教育学院教授、博士生导师傅树京作主题演讲，全国六十多所卓有特色的中学到场领奖，大会共发布"全国最具内涵特色学校""全国最佳素质教育特色学校""全国最具推荐价值特色学校""全国最具发展潜力特色学校"四个奖项。"全国最具内涵特色学校"是指学校的特色是有内涵的，不是为了追求表面的特色；"全国最佳素质教育特色学校"是指学校的特色建设促进素质教育的推进和发展；"全国最具推荐价值特色学校"是指入选学校的特色建设对于其他学校有借鉴意义；"全国最具发展潜力特色学校"是指学校因特色建设而有力地促进学校综合实力的提升。同时，本次活动还举办首届"全国最具特色中学创建"高峰论坛、"特色中学校长沙龙"等活动，成立"全国最具特色中学联盟"，以促进特色中学之间的学术交流和思想沟通，国内外三十多家媒体进行了报道。而据了解，本次活动的筹备工作历时四个月。从 2012 年 9 月开始，主办方就邀请国内近千所卓有特色的中学参与评选，从办学体制、教育观念、教学方式、课程设置、突出学科、师资力量、校园文化、发展策略等方面衡量学校特色，并最终根据学校提交的申报材料、综合第三方调查和专家意见，发布奖项，并出版全国《最具特色中学巡礼》杂志。而本次评选活动的目的，正如品牌时代国际传媒首席运营官高广先生所谈到的，在于促进生动活泼的素质教育，鼓励学校走内涵发展的道路，推动基础教育全面、均衡、优质发展，优化学校管理，提升办学品位，促进学生自由、全面

---

① 关于公布首批河南省普通高中多样化发展试点学校名单的通知［EB/OL］.（2014－06－27）. http：//www.haedu.gov.cn/2014/06/27/1403853207856.html.

发展。一句话，就是通过盘点近年全国特色中学创建所取得的成绩，褒奖那些在学校特色建设上卓有建树的中学，发挥其引领、辐射作用。而本次评选活动入选名单分为四类："2012 全国最具内涵特色学校"有福建福州一中、河北衡水中学、河南师大附中、安徽师大附中、邯郸市一中、本溪市高中、浙江余姚中学、湖南大学附中、濮阳市四中、重庆一中、浙江瑞安中学、河南鹤壁高中、丽水学院附属高中、山东聊城二中、四川德阳五中、吉林通榆县实验中学、张家口一中、上海师大附中、河北沧州二中、山东章丘四中、左权县麻田中学、四川双流县华阳中学、浙江舟山中学、张家口二中（河北张家口艺术高中）、山西临猗中学、山西祁县中学、首都师大附中、河北正定中学；"2012 全国最佳素质教育特色学校"有中国人民大学附中、华东师大二附中、西安中学、杭州高中、江西师大附中、西北大学附中、湖南宁乡县一高、四川双流县棠湖中学、丹东天娇文化艺术高中、北京望京实验学校、广西贵港艺体高中、新疆乌鲁木齐实验学校；"2012 全国最具推荐价值特色学校"有湖南株洲南方中学；"2012 全国最具发展潜力特色学校"有江西赣州中学、四川成都龙泉驿区二中、四川仁寿一中、哈尔滨三十七中。①

为积极响应《国家中长期教育改革和发展规划纲要（2010—2020 年)》提出的"注重教育内涵发展，鼓励学校办出特色"及"加快建立科学、多元的教育评价体系"的倡导，进一步推动基础教育全面、均衡、优质发展，全国最具特色中学联盟、国内领先的教育品牌传播机构品牌时代国际传媒和中国最好中学门户网站中国百强中学网联合国内二十多家教育媒体共同举办 2013 年第二届"全国最具特色中学评选"暨第二届"全国最具特色中学创建"高峰论坛。本次活动于 2014 年 1 月 9 日在北京中关村皇冠假日酒店举行盛大新闻发布会、颁奖典礼和系列活动，国内四十多所卓有特色的中学到场领奖。本次评选活动同样设置"全国最具内涵特色学校""全国最佳素质教育特色学校""全国最具推荐价值特色学校""全国最具发展潜力特色学校"四个奖项。入选的中学有：安徽铜都双语学校，特色为"五环大课堂，包括五环课道和五环学道"，合肥八一学校，特色为"全国唯一的采用军校管理模式的学校"；北京首都师大附中，特色为"教育教学活动"，中央工艺美术学院附中，特色为"国际化、现代化美术特色学校"，华夏女子中学，特色为"'现代女性修养、人文基础、科技探究、艺术体育'四大类女性特色课程体系"；重庆双桥中学，特色为"'三四五六'高效课

---

① 2012（首届）《全国最具特色中学》成功发布［EB/OL］.（2013 – 01 – 08).http：// education. news. cn/2013 – 01/08/c_124202583_2. htm.

堂、新课程实验、艺体教育"，十八中，特色为"'绿境'文化特色，'民主、和谐、服务、精细'的管理特色"，十一中，特色为"主体教育和多元发展"；广东实验中学，特色为"以体育、艺术、科技教育为特点，深入实施素质教育，大力培养拔尖创新人才"，执信中学，特色为"'人文熏陶，内涵深厚'、校本课程教研、'元培计划'课程"，珠海艺术高中，特色为"音乐、美术及小班化教学"，潮州高中，特色为"党团建设、科研促教、艺体教育"；广西南宁五中，特色为"艺术教育"；河北张家口市一中，特色为"以打造全国一流教育品牌为目标，围绕教育教学质量提升，促进办学质量优势的形成，以基建为依托，促进办学规模优势的形成，以校情为根基，促进特色优势的形成"，定州中学，特色为"百年名校，内涵厚重，特点鲜明"，沧州市二中，特色为"举办国际班，包括中美、中新、中韩联系办学"，围场卉原中学，特色为"投资者、管理者、教育者'三位一体'的办学体制，'以生为本，天下的丑小鸭都可以变成白天鹅'的教育理念，师资队伍建设'三个百分百'，'1+1''1351'高效课堂模式"，保定美术中学，特色为"美术教育"，围场天卉中学，特色为"大单元教学、国学教育"；河南南阳市一中，特色为"英才教育"，郑州中学，特色为"国际教育、创新型人才培养"；黑龙江实验中学，特色为"艺术教育、国际化教育"；湖北襄阳市二十五中，特色为"创造力教育，面向全体学生，促进学生个性化发展，提高学生勇于探索的创新精神和善于解决问题的能力"；湖南长沙雅礼中学，特色为"全人格教育、国际化教育"；吉林毓文中学，特色为"叫响文科特色，发展英语特色，拓展美术特色，打造体育特色，构建国际特色"，通榆县实验中学，特色为"多元办学模式"；江苏新海高中，特色为"'省人民教育家'培养对象李宏伟校长在传承校史的基础上精心凝练'普爱'教育思想，引领学校内涵发展、特色发展、高位发展"，无锡天一中学，特色为"超常教育、国际教育、社团"，洋思中学，特色为"'没有教不好的学生'的教育理念，'先学后教，当堂训练'的教学模式"；江西南康市三中，特色为"科技创新教育特色"，临川一中，特色为"'以学生为主体，以教师为主导，以练为主线，以能力为核心，以素质教育为目标'的教学模式，注重学生实践能力和创新精神的培养，国际教育交流"，南昌二中，特色为"国际化教育"；辽宁丹东市天骄文化艺术高中，特色为"高中文化为主，艺术课为辅"，锦阳高中，特色为"全国第一所军事化管理高中"；山东杜郎口中学，特色为"教改、'三三六'自主学习教学模式"，即墨市二十八中，特色为"和谐互助高效课堂"，昌乐二中，特色为"以271教育价值观、271教育特色课程、271教育特色课堂和271教育特色学生自主管理为四大教育支柱的271教育体系"，聊城二中，特色为"'人生规划先行，知识素养并重，文理艺体飞职并举'的学生培养模式，'精研学科，细读学生，拓宽视野，提升境界'的教师发展模式，'设施上水平，管理求精细，课程要校本，文化促内涵'的学校管理模式"；山西风陵渡中学，特色为"开展农科活动培养学生的创新实践能力"；上海复兴高中，特色为"创设育人环境，践行知行合一，创建学生社团，提升综合素质，创立实验项目，培育创新素养"，华东师大二附中，特色为"发掘学生潜能，促进每一位学生的最大发展"，上海戏剧学院附中，特色为"遵循'幸福教育为幸福人生奠基'的办学理念，以艺术特色办学策略落实学校全面工作"；四川东汽八一中学，特色为"因材施教的办学思想，国防特色校园文化，军、科、体、艺的办学特色，现代化的管理手段"，安居育才中学，特色为"民族文化教育、双语教育、曲棍球教育"；天津美术学院美术高中，特色为"美术特色，以新课程改革为契机，培养学生的创新精神和实践能力"；新疆乌鲁木齐第七十中学，特色为"全疆唯一一所全国普通高中特色学校课题研究项目学校，新课改实验"；云南文山州一中，特色为"教育综合改革创新"；浙江宁波三中，特色为"以'美术教育、德语教育、机器人创新教育'为特色的'和美教育'体系"，金华女子中学，特色为"女子教育、联合办学创国内一流航空人才生源基地"，绍兴文理学院附中，特色为"赏识教育"。①

---

①　2013（第二届）《全国最具特色中学》名单［EB/OL］.（2014 - 01 - 13）. http：// news. haedu. cn/snzx/1805582jhl. html.

第二章　我国中学特色学校建模

在第一章的第二节，笔者已对我国及几个主要发达国家的中学特色学校建设情况予以列述，从中，我们知道我国中学特色学校建设的模型和外国是不尽相同的，如英国中学特色学校的建设模型有技术特色学校、语言特色学校、艺术特色学校和运动特色学校四种类型，美国中学特色学校的建设模型根据不同的评选标准而形成多种类型，日本中学特色学校的建设模型有超级科学高中、超级英语高中、改革示范高中、学力示范高中、双轨制职业高中和超级职业高中。而根据20世纪80年代以来我国中学的特色发展情况，笔者将于本章对我国中学的特色发展类型予以具体论述，以便于全国的中学在进行特色化发展的过程中，能根据自身的办学实际，寻找到适合自身特色发展的建设模型。

第一节　专业特色建模

特色校例 一

广西贵港艺体高中——办学管理特色化的实践探索

贵港艺体高中原为一所普通高中，但自2009年以后，学校领导一方面认真研究国家关于发展教育的各项方针政策，仔细研读发展教育的各种指导文件，明确《中国教育改革与发展纲要》中所提出的"中小学要由'应试教育'转向全面提高民族素质的轨道，面向全体学生，全面提高学生的思想道德、文化科学、劳动技能和身体心理素质，促进学生生动活泼地发展，办出各自的特色。普通高中的办学体制和办学模式要多样化"的总体要求①，充分认识到建设特色学校是国家实施素质教育的需要，是适应时代社会发展的需要，是尊重教育规律和人的个性发展的需要；认定学校多样化、特色化建设将是全国各地中小学校发展的一条基本理念和必然选择。另一方面积极关注国内各地一些学校的特色化建设发展动态，并认真调查和综合分析本地学生的不同发展潜质，继而在此基础上谋求新的发展思路，提出新的办学思想，确定新的办学方向，探索新的办学模式，进行新的发展定位，大胆地对学校进行改制，走专业化办学特色的道路，将学校办成特色高中。

2011 年 12 月 1 日，广西教育厅正式下发《关于开展综合高中试点工作的通知》②，学校领导抢抓机遇，认真整理上报申请材料，努力参与试点。2013 年 3 月，学校领导积极申报承担省级特色高中发展研究课题"普通高中多样化、特色化发展研究"。同年 4 月 9 日，广西教育科学规划领导小组下发《关于公布广西教育科学"十二五"规划 2013 年度广西特色高中试点建设专项课题的通知》③，学校顺利接收该项课题的研究工作，因此成为 2013 年广西首批 22 所特色普通高中建设试点学校之一。获得自治区特色普通高中试点立项建设之后，贵港艺体高中一直遵循着"尊重个性、挖掘潜力、文艺双修、特色成才；艺体教学、量身定制、因材施教、个性成才"的育人理念，实施"文化 + 专业"相结合的教学模式，大力培养普通成绩的学生和具有专长的学生，为各级各类高校输送各种各样合格的特色化人才。目前，学校在专业化办学特色建设方面，取得了较为显著的效果，全校设有美术、音乐、舞蹈、体育等专业班。美术专业班开设素描、水彩、国画等课程；音乐专业班开设音乐鉴赏、练声视唱等课程；舞蹈专业班开设现代舞、民族舞等课程；体育专业班开设田径、篮球等课程。2014 年春季学期，学校还特别引进社会民间传统文体表演活动项目"舞狮"，增设舞狮专业，丰富专业化办学特色的内容。由于办学方向明确、办学定位准确，因此近年来，学校长年基本能保持 12～15 个教学班，在校生人数规模超过 800 人，达到自治区教育厅下发的《关于开展综合高中试点工作的通知》中"试点范围"所要求的学

---

① 中共中央、国务院关于印发《中国教育改革和发展纲要》的通知［EB/OL］．（1993 - 02 - 13）．http：//www.chinalawedu.com/news/1200/22598/22615/22793/2006/3/he799931545973600219074 - 0.htm.

② 关于开展综合高中试点工作的通知［EB/OL］．（2011 - 12 - 12）．http：//www.gxedu.gov.cn/Item/3297.aspx.

③ 关于公布广西教育科学"十二五"规划 2013 年度广西特色高中试点建设专项课题的通知［EB/OL］．（2013 - 04 - 11）．http：//www.gxedu.gov.cn/Item/3875.aspx.

生数。

贵港艺体高中在搞好特色化办学的同时，也在不断地针对学校的生源状况，积极探索和总结一些卓有成效的特色化管理方法和做法。主要表现在以下两个方面：其一，教学实行文化课程与术科课程双线管理的办法，分设教务处和艺体处两个部门。文化课的课程设置与教学安排、教师任课安排、资料选用、考试安排、成绩统计及文件资料归档等，均由教务处统一管理，而美术、音乐、舞蹈、体育等术科课程设置与教学安排、教师任课安排、考试安排、成绩统计及资料存档等，由艺体处统一操作管理。这样，文化和术科的教学管理范围就划分得很清楚，职责很分明，达到高效化，特色相当鲜明。其二，针对全校学生的纪律和学习等实际状况，学校实行以活动促进管理的办法。政教处组织开展班级主题班会课和国旗下讲话活动，并将主题班会和国旗下讲话内容与平时课堂作文训练结合起来，实现教育管理与教学的无缝衔接。团委狠抓社团组建工作，如成立学生会和平安风艺高协会等社团，学生会干部负责对全校各班的宿舍内务、清洁区、教学楼教室卫生及课堂纪律情况等检查评分，进行班级量化管理；负责全校各班墙报、黑板报的出版安排及评比工作，活跃校园文化气氛；平安风艺高协会由团委老师带领社团同学定期或不定期地到校外开展好人好事等帮扶活动，培养社团学生良好的思想道德品质，进而在全校学生中形成以个体影响集体、以局部带动全局的管理特色。

成都市武侯区教育局副局长刘仁富在《特色应"长"在学校自己的土壤里》一文中指出，现在不少学校在特色建设的立足点上出现问题，一是"以校长兴趣定特色"，二是"唯专家主张定特色"，三是"搬他人经验做特色"。[①] 但笔者认为，贵港艺体高中在学校特色化建设方面，都不存在以上问题。学校特色建设的出发点和立足点是明确的，不凭兴趣定特色，也没有请相关的专家特别"把脉会诊"后定特色，同时也没有全搬他人他校的经验做特色。而是根据国家教育发展政策，综合各地特色学校建设的经验做法，并结合当地生源情况和学校发展情况，探索出的一条适合学校和学生发展的特色化建设之路。

当然，贵港艺体高中在学校办学管理特色化建设等方面，还有许多可以探索的空间。

安徽省蚌埠市教育局总督学王光辉在《为特色学校建设纠偏》的文章中提出了四个方面问题的纠偏：第一，特色办学理念的纠偏。建设特色学校，办学理

---

① 刘仁富. 特色应"长"在学校自己的土壤里［N］. 中国教育报，2013 – 12 – 11（05）.

念是灵魂。但目前主要存在过于追求理念的宏大、时髦和全面的倾向。特色学校的办学理念应来自办学者对教育本质的科学把握。第二，挖掘资源路径的纠偏。特色学校建设需充分挖掘各种资源。普通学校挖掘资源的路径主要指向校内外两方面，挖掘校内资源要科学分析学校历史、师资、设施等方面的条件，因地制宜加以利用；挖掘校外资源要科学分析学校地理位置、乡风民情、自然资源及文化遗存等。第三，有序行动层次确定的纠偏。建设特色学校需要有序的行动。而其中有三个层次是必由之路。一是特色项目，这是建设特色学校的起点，是特色理念的具体化，是特色学校创建的切入点和特色创建成功的基础；二是特色传统，要不断扎实推进，使特色项目演进成为特色传统；三是特色文化，这是学校的"校脉"，独特的学校文化是一所学校区别于其他学校最根本的标志。第四，评价成效标准的纠偏。评价一所特色学校建设成效需四"度"统一。一是参与度，无师生广泛参与的特色项目，不能称为学校特色；二是持久度，使特色项目成为特色传统；三是成就度，办学成绩要外显，得到家长和社会认可，特色办学成效显著；四是认可度，政府管理、学校办学、社会评价是国家教育管理改革的重要趋势，特色学校建设成效如何，需要得到教育部门、社区和社会的正面评价和认可。[①]

《为特色学校建设纠偏》一文，无疑是对当前我国特色学校建设过程中所出现的问题和所存在的不足的一次具体的总结，也是当前我国如何创建特色学校的较好的意见和建议。

贵港艺体高中在专业设置方面，在挖掘教育、管理、教学、课程及师资潜能等资源方面，的确都还可以寻找到许多特色化建设的增长点，在现有的特色项目转变为特色传统的过程中，也还要经受时间的考验，以获得家长和社会的认可。

贵港艺体高中的领导和广大师生们，正在以百倍的信心和坚定的决心，努力工作和学习，迎接自治区教育厅和教育科学规划领导小组项目办的领导对学校特色化试点建设进行阶段性评估，同时相信通过终结性评估，学校会拥有更美好的发展前景。

特色校例 二

云南楚雄师院附中——努力打造艺术教育专业特色品牌

云南楚雄师院附中是一所集初中、普通高中和艺术特长高中为一体的省一级三等完全中学。近年来努力打造艺术教育专业特色品牌，走出了一条艺术教育专

---

① 王光辉. 为特色学校建设纠偏［N］. 中国教育报，2013－12－26（05）.

业特色强校的发展之路。其具体的做法是，学校在经省教育部门批准之后，每年将初中毕业生中具有一定艺术天赋的学生集中起来，按照音乐、美术等专业，实行分班教学，在学习文化课的同时也加强专业课的学习，之后通过文化和专业高考，考取心仪的大学。楚雄师院附中从创办艺术特长高中班至今，已培养15届近1 600名艺术特长生，这些学生参加高考，上线率都在90%以上，2013年全部上线。学校的这些艺术特长生，有的曾代表云南参加中央电视台第四届校园春节联欢晚会演出，节目"阿尼诺—等等着"荣获表演一等奖，有的考上清华大学美术学院、中国美术学院、中央音乐学院和云南艺术学院等学府，还有的走出了国门，到法国和波兰等国家留学深造。而学校在抓特长生的艺术教育专业学习的同时，也鼓励专业课教师积极参加各种活动，展示自己的才华，证明学校的实力。如陈一凡老师参加省中学教师钢琴比赛获特等奖，许琳、陈丽娟、钟贤梅等老师参加省高中音乐教师课堂教学竞赛获一、二等奖，自虹老师参加省州歌曲演唱比赛多次获奖，段山昆、谢宝昌、张嘉荣、杨丽媛、夏志军等老师的作品参加了省州书画展。楚雄师院附中在初高中加强艺术教育，获得了优异的成绩，提升了学校的知名度。学校荣膺"全国学校艺术教育先进单位"等多项称号，先后被确定为"中国特色教育示范基地"和云南艺术学院、云南师大、楚雄师院艺术人才培养基地和实习实训基地。学校通过发展艺术教育铸就特色品牌是成功的。①

　　广西贵港艺体高中和云南楚雄师院附中是通过确立专业化教育实现特色化建设模型的学校。而除以上两校之外，还有黑龙江鸡西十九中、上海闵行三中、南宁市五中、重庆田家炳中学、重庆双桥中学、北京华夏女子中学、广东珠海艺术高中、广东潮州高中、上海戏剧学院附中、浙江宁波三中、河北保定美术中学、天津美术学院美术高中、辽宁丹东市天骄文化艺术高中、黑龙江实验中学等一大批学校的艺体教育也很有特色，当属专业化教育特色的建设模型。

　　例如，黑龙江鸡西十九中的艺体教育特色表现在三个方面：一是完善艺体课程设置。学校从"合格＋特长"的素质教育模式出发，在提升学生特长专业课的基础上，深度开发艺体校本课程，确保每个学生都有一项专长。专业课以培养市场、创新意识和提高专业技能、艺体修养为目标，实施"三课并举"，如美术专业课开设行画课、习作课、创作课，以满足学生升学与就业需求；选修课以陶冶情操、培养情趣、提升素质、深化学养为目标，实施"五课并举"，开设国画

---

① 方堃，王建华. 坚定特色教育之路　提升办学品质内涵——云南省楚雄师范学院附属中学特色发展侧记［N］. 中国教育报，2013－12－02（12）.

课、书法课、陶艺课、剪纸课、装饰课等课程。为使艺体教育落到实处，学校建起一套行之有效的"以质为本，和而不同"的艺体课程体系，新增 24 门选修课程；在音乐选修课设置上，将传统音乐、少数民族音乐和西洋音乐有机结合，增设编钟、马头琴、弦乐等新课程，使艺体校本课程多达 12 个类别 65 门课，供全校 2 000 多名学生同时选修学习。这些课程构筑学校的立体教育体系，实现艺体教育的全方位浸润。二是强化艺体社团建设。为给学生提供生动、广阔、全面的艺体成长空间，学校组建管乐队、打击乐队、交响乐队、民乐队、威风锣鼓队、编钟乐队、足球队、美术创作队等 24 个大型社团，学生参与面达 80% 以上。2013 年 7 月 1 日，学校交响乐社团在鸡西举办的首场音乐会取得圆满成功，足球队参加全国青年联赛荣获第三名的好成绩，美术创作队作品在中国教育学会美术研讨会上成功进行展示。三是提高艺体核心竞争力。学校出台《提升艺体核心竞争力实施方案》，美术课注重创作能力培养，音乐课注重音乐情感表现，并采用"师生艺术成长记录夹"的质性评价方式，帮助师生认识自己的艺术能力，同时成立艺术创作中心，吸纳全市美术界专家和教师到校开展创作研讨，打造鸡西美术界创作和教学研讨的平台，使艺体教育成为学校对外展示的窗口。鸡西十九中扎实开展特色教育，形成了办学特色，获得了一批省市科研成果，生成了自己的教育理念和教育策略，尤其特色教育融入了师生的生命，成就了学生的本色人生。①

又如，上海闵行三中以重视学生个性发展为核心，确立"德育为先、能力为重、艺体俱进、全面发展"的办学方略，形成"一体两翼"的发展格局，而"两翼"就是指体育特色和艺术特色。体育特色主要体现在两方面。一方面，狠抓群众体育，做好群众体育工作。学校自觉联通社会，主动开放体育场馆，让周边社区市民休闲锻炼，使师生与广大市民互动，形成体育与教育的底气和底蕴，此外学校还与香港著名人士霍震先生合作，建设标准足球场，充分利用社会资源，使学校体育走进社会，拓展体教结合的空间。另一方面，大力发展竞技体育。以女子足球和女子曲棍球为龙头，打造规模，形成优势品牌；建立运动队，抓好普及工作，成立代表队，树立好形象；与外单位联合，成立女子足球俱乐部和女子曲棍球俱乐部，先后向国家、上海女子曲棍球队和高校输送 26 名运动员；积极而努力地承办一些在社会上具有影响力的体育赛事，如先后承办一年一度的上海青少年曲棍球锦标赛，2010 年 7 月受国家体育部门委托承办全国"东苑杯"

---

① 卢德彬. 特色办学：成就每个学生的本色人生——鸡西市第十九中学特色办学纪实 [N]. 中国教育报，2013 - 09 - 23（12）.

青少年 6 人制曲棍球锦标赛，还承办上海"育苗杯"中学生足球赛，上海 U－15、U－18 女子足球锦标赛，华东地区"安乐杯"足球赛等；在推进体育特色过程中，注重引进现代体育文化，按照"体教结合"要求，从制度设计、项目建设和体育科研等方面，大力推进体教结合的深入发展，如在高一女生中引入形体课，组建体育兴趣小组，狠抓"两操"质量，同时不断挖掘体育文化内涵，通过对体育明星奋斗故事的介绍、奥运精神的解读等，宣传现代体育精神，并从2009 年开始，将学校一年一度的体育运动会提升为体育文化节，融入更多文化元素。由于重视发展竞技体育，学生体育成绩不菲，如学校女子曲棍球队于2009年和 2010 年连续荣获全国青少年曲棍球锦标赛女子乙组亚军，2010 年获上海第十四届运动会冠军，女子足球队夺得全国第七届中华木兰杯青少年女子足球赛第三名，2013 年有 7 名女子曲棍球运动员代表上海市参加全国第十二届运动会。学校在进行体育教育特色建设过程中，也重视艺术教育特色建设。学校的艺术教育特色集中体现在昆曲教育中。昆曲是世界非物质文化遗产，源于江苏昆山，出于种种原因，目前濒临绝境。学校从 20 世纪 90 年代开始发展和实施这项教育，成立昆曲社，社团成员在学校重大活动中经常登台献艺，还积极参加全国和上海市的有关演出与比赛，多次荣获大奖，成员还应邀赴台湾地区进行交流访问。由于重视昆曲艺术特色教育，学校大部分学生都了解昆曲常识，部分学生还会唱一些片段，甚至有的学生成了昆曲的"粉丝"，在昆曲思想艺术的熏染中，培养了自身高尚、纯净和大气的心灵。学校的吴佳妮等十多名学生还先后考入中国戏曲学院和其他艺术院校。①

再如，南宁市五中根据国家教育方针，遵循教育发展规律，适应现代社会需求，坚持个性化、特色化办学的发展战略，按照"修德、励志、笃学、尚美"的办学思想和"给予人人发展的机会和舞台，教予人人会学与博学的方法，促使人人体验成功与成才为目的"的育人理念，努力为社会提供优质教育服务，形成理科、文科、外语、体育、艺术教育"五育"并举，全面发展而又特色鲜明的办学模式，得到各级领导和社会各界的广泛赞誉。先后获得"自治区科技示范学校""南宁市首批打造教育品牌的特色学校""南宁市优秀科研先进单位"等二十多项光荣称号。

还有重庆田家炳中学的体艺教育特色也很突出，在重庆具有较大的影响力。学校艺体考生上线人数历年均在 150 人以上，2013 年高考，艺体考生文化术科双

---

① 颛孙长宗，张跃志. 特色办学：平凡孕育非凡　普通创造神奇——上海市闵行第三中学"特色发展、多样成才"办学的实践与探索［N］. 中国教育报，2013－12－31（07）.

上线 112 人，女排获得重庆市第一名，女足获得第三名。①

第二节　教学特色建模

一、教学理念建模

特色校例 一

重庆田家炳中学——倡导与实施"幸福教育"的教学理念

重庆田家炳中学是一所具有 60 年办学历史的学校，培育了无数的各行各业的人才，其中有杰出的政坛精英、军事将领、学界名流、商海巨擘和基层模范等，但学校领导和老师从未停止过对教育教学的探索，多年来一直倡导幸福教育教学理念，行走在幸福的路上。他们认为教书育人的根本目的不仅在于"传道、授业、解惑"，为社会培养"人力资源"，还更应提升人的生命质量，使人成长为自由、全面、大写的人，而其中的幸福感是最重要的要素。因此，学校一直以来都坚持贯彻"以幸福的教育培养幸福的人"的理念，以幸福为愿景，努力打造幸福校园。廖万华校长说："教育不仅是生活，更是幸福；教育不仅是奉献，更是收获；教育不仅是重复，更是创造；要以幸福的教育润泽幸福的学生。人生是为了追求幸福的，追求幸福是人的本性，所以我们提出'幸福教育'的理念，将人类对幸福的追求与人类对教育的追求来个'完美结合'，为了孩子幸福地成长，为了孩子幸福的一生。"

根据幸福教育理念，学校架构"136"幸福教育体系，即确立"以幸福的教育培养幸福的人"的办学理念，围绕"益物、益人、益己"三个目标，从"构建'精美雅致、温馨和谐、促学净思、书声琅琅'的幸福校园，彰显'底蕴深厚、品位高雅、助人自助、暖意绵绵'的幸福文化，成就'身正学高、诚仁博达、敬业乐教、文质彬彬'的幸福教师，培养'德馨学实、明理诚信、智慧阳光、生气勃勃'的幸福学生，打造'因材施教、教学相长、民主合作、其乐融融'的幸福课堂，开展'体艺熏陶、张扬个性、才艺双全、意趣洋洋'的幸福活动"六个层面实施幸福教育。同时，根据幸福教育理念，学校还以"明确三个定位，践行九种思路"为引领，努力构建有序稳健的良性管理机制。三个定位就是管理定位、干部定位和教师定位。管理定位要求校长履行好职责，使管理团

---

① 张华，廖万华，段立珠. 行走在幸福的路上——重庆市田家炳中学"幸福教育"侧记 [N]. 中国教育报，2013 – 12 – 26（06）.

队成为知民心、达民意、聚民智、护团结的和谐团队，成为重事业、谋发展、共荣辱、讲廉洁的正义团队，成为能干事、办实事、做好事、解难事的服务团队；干部定位要求建设政治坚定、作风过硬、理念新、素质高的干部队伍，做到心中有学生和老师，在管理中能发现并善于解决问题；教师定位要求全体教职工明确教学管理思想、构建教学管理文化（个性、公平、专业、卓越）、优化教学评价体制、搭建教师成长平台、促进质量快速提升。九种思路就是重学习与提高、重融入与引入、重传承与创新、重求是和发展、重服务与务实、重规范与细节、重勤政与廉洁、重尊重与人本、重团队与协作。学校通过关注思想意识让师生提高自我发展意识，为打造幸福校园搭桥铺路。而重庆田家炳中学幸福教育的实践证明，幸福需要教育，教育需要幸福，幸福的知识和技能是可以传授的，幸福的品质和人格是能够养成的，幸福教育就是要培养能创造和享用幸福的人。全校师生一方面探索幸福教育，另一方面在享受幸福教育，老师参加各项比赛，纷纷获奖，学生参加高考，成绩逐年攀升，幸福教育成就了幸福师生。①

除重庆田家炳中学外，还有内蒙古包头市蒙古族学校、上海戏剧学院附中等，也倡导和实施幸福教育的教学理念，且相当有成效。

特色校例 二

山东章丘四中——倡导与实施"创新教育"的教学理念

山东章丘四中是一所普通公办中学，2005 年之前搞的是应试教育，学生在升学压力下，埋头于题海，成为"做题高手"。但一直致力于教育改革的刘金水校长是不会满足于这种教育的，一直行走在探索创新人才培养道路上的他认为，学生读书不只是为了考大学，教育必须克服功利思想和短视行为，要从学生终身发展的角度和民族未来的高度，培养学生的创新素质。为寻找培养学生创新素质的有效途径，从 2005 年 9 月开始，他决定在学校研究性学习中启动科技创新教育的探索和试验，开设专门的创新课程，选择 4 个班 200 多名学生参与试验，人数不够也要开课。接着，他聘请山东发明协会理事陈明泉给学生作创新思维理论与创新技法系统讲座，3 个月共举办 10 多场，打破了创新的神秘感，使学生敢于创新，同时鼓励学生跳出课本，不能只关注课本知识，跳出课堂，关注自然、社会、人生、生活，不迷信权威，不轻信已有结论。而在此期间，参加创新学习的学生提出了 1 700 多项创意，有学生拿到第一份国家创新专利证书，获得自主

---

① 张华，廖万华，段立珠. 行走在幸福的路上——重庆市田家炳中学"幸福教育"侧记［N］. 中国教育报，2013－12－26（06）.

招生高校的降分录取资格。而在创新教育获得超乎预料的效果之后，2006 年 8
月，刘校长将创新课程全面推广，使之成为校本全员必修课，每周两课时，同时
培养专职创新教师，出版专门的创新教材，系统地开展创新常识教育，全面创设
创新教育氛围，培养创新兴趣，以制度性保障确立创新教育地位，以活动推动和
成果激励办法助推创新发展，将创新教育内化到学校生存发展的血脉中，形成稳
定有效的机制，并在科技制作发明和开放型课题类研究性学习的创新教育实践中
引进世界领先的"萃智理论"，培养学生准专业创新素质，设置创新成果展室，
展示学生在各类创新、创意大赛中获得的证书、奖状和奖杯等。

　　学校开展的创新教育，在学生中掀起了一场"头脑风暴"，现在学生们比拼
的不仅是考分，还有发明创造。学生们在创新"导师"的指导下，都具有想象
力和动手力等创新能力，个个都梦想成为发明家。从 2005 年到 2010 年，学校先
后有 7 000 多名学生接受创新教育，形成 5 万多个创意，获得 1 500 多份国家知
识产权局颁发的专利证书，在全国和省市各类创新创意大赛中获奖超过百项。随
着高校招生制度的改革和高校对创新素质人才的重视，学校开展的创新教育使学
生在升学方面也获得了极大的便利，2008 年有 60 多名学生获重点高校保送或加
分资格，2009 年有 168 人获得降分录取资格，2010 年有 154 人获得降分录取资
格。学校因成功实施创新教育而迎来许多参观考察者。专门从事创新思维研究的
山东大学教授王思悦多次前往考察，认为学校的做法值得推广，创新课程带给学
生的是一种理念和思维习惯，会伴随终身，如有 100 所这样的学校，我国创新教
育面貌会大有改观。曾到访考察的国家总督学、教育部副部长陈小娅也评价说，
学校的特色是鲜明的，是符合教育规律的，也是能够适应未来的。章丘四中因为
成功实施创新教育，先后获得"中国宋庆龄少年儿童发明基地""中国首届创意
大赛金奖""全国科研兴校示范单位""全国创新型学校"等荣誉称号，并且学
校的创新经验也分别被中央电视台、山东教育电视台、《人民教育》《山东教育》
《中国教育报》《科技日报》《知识产权报》等媒体做专题报道，山东省教育厅发
文在全省推广。①

　　除了山东章丘四中之外，倡导与实施"创新教育"教学理念的中学还有广
东实验中学、浙江宁波三中、上海闵行三中、上海复兴高中、江西南康市三中、
江西临川一中、广西桂林一中、广西师大附中、湖北襄阳市二十五中、山西风陵
渡中学、河南郑州中学、天津美术学院美术高中等。广东实验中学注重科技教

---

　　① 丁先明，宁墅. 一所中学何以捧得千项专利——山东省章丘市四中探索创新教育纪
实［N］. 中国教育报，2010 – 05 – 07（01）.

育，大力培养拔尖创新人才；浙江宁波三中开展机器人创新教育；上海闵行三中进行航模科技教育；上海复兴高中重视培养创新素养；江西南康市三中发展科技创新教育；江西临川一中重视实践能力和创新精神的培养；广西桂林一中和广西师大附中注重科技创新教育；湖北襄阳市二十五中开展创造力教育，培养创新精神；山西风陵渡中学重视开展农科活动，培养创新实践能力；河南郑州中学重视创新型人才培养；天津美术学院美术高中注重培养创新精神和实践能力。

特色校例 三

湖北潜江徐李中学——倡导与实施"愉快教育"的教学理念

湖北潜江徐李中学是一所具有 20 多年办学历史的农村学校，也是一所勇立潮头敢于改革的学校。多年来，学校倡导和实施愉快教育，并取得显著成效，不断显示出自身独特的办学优势和教育特色。而学校施行的愉快教育，有具体而完整的《愉快教育实施指南》，指南开篇就明确指出"实施愉快教育，打造成长乐园"的办学理念。其中包括"基本理念"和"行动纲领"两部分。

第一部分"基本理念"明确规定"愉快教育基本元素""成长乐园基本特征"和"愉快教育三大载体"。"愉快教育基本元素"提出"没有爱就没有教育，没有兴趣就没有学习"，愉快教育遵循教育规律，实践以人为本，是素质教育的生动体现，其基本元素为爱、兴趣、责任、尊重、创造；愉快教育崇尚寓教于乐，兴趣是最好的老师，激发学生的学习兴趣是教师天职；愉快教育不是一味迎合学生需要，而是注重"苦学"与"乐学"的统一，达到和超越以苦为乐的境界。"成长乐园基本特征"提出面对学生厌学等问题，学校应致力于学生的主动发展、教师的专业发展和学校的可持续发展，成为师生共同的成长乐园，而成长乐园的基本特征是舒适幽雅的校园环境、高效低负的课堂教学、和谐融洽的人际关系和健康向上的校园文化。"愉快教育三大载体"提出构建愉快教育模式的三大载体，载体一包括构建"书香、绿色、数字、和谐、平安、文明、节约、活力、廉洁、人文"的"十大校园建设"和开展"读书节、体育节、美育节、科技节、电影节"的"校园五节活动"；载体二包括成立家长学校、教师发展学校、赤生团校、成长艺术学校、少年文学院、书法协会、乒乓球队、田径队、篮球队等各种校中校、班外班、学生团体和兴趣小组，体现因材施教；载体三包括推行备课、高效课堂、工作量、内设机构等改革和小班教学、班级文化建设等试点工作，积极稳妥地进行综合改革和单项改革试点。

第二部分"行动纲领"明确提出树立科学与人文精神相统一的现代经营理念，以提高学生素质为根本宗旨，以加速教育信息化为手段，以强化学校特色建设为重点，坚持学校工作项目化、工程化，深入开展教育管理年活动，促进学校科学发展、和谐发展、安全发展，实现由规模发展到规范发展的转变，提升学校核心竞争力。"行动纲领"包括六个方面的内容，而且每个方面的内容还细分出若干种具体的做法。比如，第一个方面尊重学生主体地位，创新学校德育工作，实施体验式德育。将"体验"作为德育核心概念，使学生在日常生活、学科课堂和专项活动中体验，实现道德品质中知、情、意、行诸要素的和谐发展。这个方面包括四点：第一点是要创新德育理念，把德育工作重心下移，实现管理民主化，充分相信学生，深入了解学生，正确引导学生，严格要求学生，科学评价学生，促进学生全面协调和生动活泼地发展；第二点是要创新课程体系，以"学会做人"为主线，开设校本德育课程"成长"，与思想品德、信息技术和其他课程相结合，形成完整、协调、高效的德育课程体系，完善课程结构，增强德育工作实效性，狠抓"订立成长协议""孝心教育""祝你平安""交流座右铭""网络文明""长大后我就成了你""中华传统美德故事会""让廉洁之花绽放校园""励志教育""感动校园人物评选""赤生精神演讲""成长之歌青春旋律""十大校园陋习评选""杰出学生申报"等活动；第三点是要创新培养模式，根据"自我教育—同伴互助—教师引领—家长参与"的思路，强化自我教育，实行协议式培养和表彰申报制，成长协议由班主任代表学校与学生签订，内容包括成长目标及所采取的措施，推行综合素质评定，开展杰出学生、优秀学生和优秀特长生申报、推荐和表彰活动；第四点是要重视德育队伍建设和德育资源开发，建立德育科研共同体，设立"思想道德建设创新奖"，鼓励教师把德育当作自己的事业，努力构建全面、全员、全程育人格局，成立赤生团校，落实志愿者服务制度，开拓德育实践渠道，培养学生责任感，利用刘赤生革命精神陈列室等德育基地开展活动，挖掘社区德育资源，密切教师学生、家长家属和社区政府的联系，建立有机整体，形成育人合力。此外，从第二个方面到第六个方面，也同样都有各种具体的做法。①

潜江徐李中学《愉快教育实施指南》是一份具有很强的实践操作性的文件，该校的愉快教育是根据这份指南逐项落实的，因此实施效果明显，使得学校能显示出自身的办学优势和特色。

愉快教育是一种既古老又崭新的教学理念。说它古老，是因为这种教学思想渊源很深，古已有之。从国外来说，17世纪捷克教育家夸美纽斯在《大教学论》

① 徐李中学愉快教育实施指南［EB/OL］.（2011-09-27）. http：//www. docin. com/p-264827672. html.

中就指出"教师要和善地、愉快地教育儿童,以便在没有殴打、没有号泣、没有厌恶的气氛中,喝下科学的饮料";英国教育家洛克在《教育漫话》中也提到"当学生正在用心学习的时候,他们应该高高兴兴,一切事情都应该使他们感到容易,充分感到快乐";19世纪英国教育家斯宾塞在《教育论》中指出"要使求知成为愉快而非苦恼的事件""教育要使人愉快,要让一切教育带有乐趣";苏联教育家斯卡特金也认为"教师要用全部力量来把教学工作由学生沉重的负担变成欢乐鼓舞和全面发展的源泉"。而从国内来讲,我国两千多年前的大教育家、至圣先师孔子在《论语·雍也》中就明确指出"知之者不如好之者,好之者不如乐之者";宋代大理学家朱熹也认为"教人未见意趣,必不乐学";北宋张载在《经学理窟》中也指出"学至于乐,则自不已,故进也";而明代教育家王阳明也数次谈到"今教童子,必使其趋向鼓舞,心中喜悦,则其进自不能已"的看法。这些古代中外的愉快教育思想尽管很精辟,但是比较零碎片面,没有形成系统化。而将愉快教育作为一种教学理念来实践,作为一种教学理论来研究,最终使之形成体系,成为一种教育教学主导概念,并将之不断运用于教学中,是近二三十年来的事,因此说它崭新。20世纪80年代末,随着时代社会的变化和教育的发展,上海一师附小、北京一师附小和沈阳铁路五小等7所小学率先在全国进行"愉快教学"试验,像上海一师附小,在1978年就针对学生学业负担过重现象,提出"要使每一个孩子都有一个幸福的童年"的主张,到1987年,他们就进一步总结改革实践,形成以"爱、美、兴趣、创造"为要素的愉快教育模式,而到20世纪90年代初,都取得了很好的成绩和经验,受到广大教育工作者的关注,于是这项教改实验遍布全国城乡。接着,一些中学教学名师,像于漪、钱梦龙、宁鸿彬等人,也对这项教改实验进行积极探索,并身体力行,也同样取得了巨大的成就,于是愉快教育逐步被推广到中学。①

在中学实施愉快教育成功的学校,除了徐李中学外,还有山东高密市银鹰文昌中学等学校。

特色校例 四
上海金山区西林中学——倡导与实施"赏识教育"的教学理念

上海金山区西林中学是2005年创建的一所乡镇公办中学,随迁子女占全校生源的25%以上,农村生源占50%以上。学校奉承着"让教育适应学生的发展,让学生享受和谐教育"的办学理念,崇尚"乐教、敢教、善教、优教"的教风,

---

① 周云. 中学语文愉快教学初探[J]. 桂林市教育学院学报,1998(1):30-35,45.

营造"学善、学实、学活、学长"的学风。同时，受生源影响，学校在办学之初，基础很薄弱，为让学生提高自信，感受成功，学校提出了"赏识教育"的教学理念。而学校开展赏识教育主要有以下几个方面：第一，设立"赞赏日"，用肯定取代批评，星期一是校园"赞赏日"，全校师生互相夸奖，升旗仪式上校长要表扬进步突出的学生，课堂上老师至少要对 20 名学生说一句表扬鼓励的话，每个学生都可能受到老师的表扬；第二，改变作业批改方式，用斜杠和批注取代作业本上刺眼的红叉，用爱、鼓励、肯定等语言作为作业评语或写上对话式的评语，给学生积聚正能量；第三，全校总结"赏识语录"，彭素花校长评课尽量挖掘教师课堂上的优点，教师尽量捕捉学生身上的闪光点，如今一本总结全校赏识教育经验的《西林中学校园赏识妙语录》已结集成册，这本赏识性评价语录分为"当学生在课堂倾听时""当学生发表见解时""当鼓励学生朗读时""当学生有疑而问时""鼓励学生勤于动笔时""肯定学生取得成绩时""学生取得成果时""学生遇到困难或想退缩时"8 个篇章，并将之与家长共同分享，加以推广；第四，为深入开展赏识教育，树立学生信心，学校成立了涵盖艺术、文学、技能、体育等领域的 23 个学生社团，开发 58 门和学生特长培养相结合的校本课程，供学生在拓展课和社团活动时使用，其中"西林版画"是龙头特色课程，要求学生人人参加，人人有项目，学习创造，展示成果；第五，改变评价方式，学校改"三好学生"评选为"西林之星"评选，其中有"体育之星""进步之星"评选等，期末对学生评价也不再是一张成绩单，而是一份"体检报告表"，包括学业成绩、体质测试、参加各项活动的表现及受表扬次数等；第六，2013年 11 月 19 日举行"教师队伍建设年"三大行动之弘扬赏识文化"赏识讲坛"启动仪式，由资深教师指导组的余晓红老师和她的学生团队演绎"赏识——师生共同成长的舞台"等节目，他们以生动的案例和幽默的语言展示全校师生"走在赏识路上"的工作点滴与收获。西林中学推行"赏识教育"，至今已近 10 年，学生在这一教学理念中心灵被打动，学习努力，成绩明显提升。而学校也因此获得"金山区素质教育实验创建学校""上海市新优质学校"等荣誉称号。①

赏识教育是生命和爱的教育，是一种尊重生命规律、充满人情味和富有生命

① 陆梓华. 金山区西林中学力推"赏识教育"打动学生心灵［EB/OL］.（2013－06－19）. http：//news. xinmin. cn/shehui/2013/06/19/20721767. html；邹娟. 金山西林中学坚持赏识教育　每周一全校师生"相互夸奖"［EB/OL］.（2013－06－13）. http：//sh. eastday. com/m/20130613/u1a7452820. html；西林中学举行弘扬赏识文化"赏识讲坛"启动仪式［EB/OL］.（2013－11－20）. http：//www. shedunews. com/zixun/shanghai/quxian/jinshanqu/2013/11/20/588027. html.

力的教育，是人文化和人性化的素质教育的好理念。赏识教育作为世界著名的六种教育方法之一，它不是表扬加鼓励，而是赏识孩子的行为结果，以强化孩子的行为；赏识孩子的行为过程，以激发孩子的兴趣和动机；创造环境，以指明孩子的发展方向；适当提醒，以增强孩子的心理体验，纠正孩子的不良行为。赏识教育是中国青少年研究中心赏识教育研究室主任周弘老师首次倡导并推广的一种全新的教育理念，他曾用这种方法将双耳全聋的女儿周婷婷培养成留美博士，并用这种理念培养了一大批像他女儿一样的孩子，被新闻媒体称为"周婷婷现象"。赏识教育在中国已拥有强大的研究推广的专家团队，如魏建惠老师就是国际赏识教育学会副会长、赏识教育首席咨询师，蒋湘渝老师就是赏识教育金牌讲师、国际（中国）赏识教育学会终身名誉会长助理，李海弘老师就是赏识教育资深讲师，罗明老师就是赏识教育的演讲与推广者等。

目前，我国进行赏识教育的中学还有上海金苹果双语学校、江苏南京师范大学附属实验学校、浙江绍兴文理学院附中、安徽合肥市六十五中、武汉汉阳钟家村中学、四川内江市威远县龙会中学、山东沂源县历山中学、北京东城区宏志中学等学校。

特色校例 五

广州花都区育才学校——倡导与实施"生本教育"的教学理念

广州花都区育才学校是 1998 年为解决新机场移民子女就学问题而创办的学校。生源复杂，本地农村孩子和外来务工子弟兼有，素质基础较差，而教师也缺乏先进教学理念，质量很难提高。面对此种情况，学校领导一直在寻找新办法。当听了郭思乐"教育走向生本"的讲座后，学校发现"生本教育"正是所要努力寻找的教改之路，因此 2007 年 9 月决定引进生本教育课题研究实践，用生本教育先进理念设计教育教学活动，大胆变革学校管理、班级管理、校园文化活动和各学科课堂教学，挖掘学生内在潜能，使学生充分而快速地发展，从而促进学校全面发展。而到 2010 年 8 月，学校在历经 3 年的生本实践研究之后，成绩显著，办学声誉逐渐提高，学校充满生机和活力，被郭思乐誉为"最坚实的生本阵地"和"最放心的生本实验学校"。

而学校大致从以下几个方面开展生本教育实验。第一，学习生本。生本教育有独特的新思路、新资源和新方法，和传统教学不甚相同，因此学校把培训教师放在首位，努力创造条件，为教师提供更多机会和平台进行自我学习和发展，使生本理念深入内心，从而提高实践生本教育的能力。而为了达到这个目的和效果，学校多次邀请郭思乐等专家到校做辅导报告，并邀请广东教科所生本教育课题组专家到校听课指导；组织教师研读郭思乐《教育走向生本》《教育激扬生命》《谛听教育的春天》等著作，全面而充分地把握生本理念，认识"教学本质是学，教要转化为学""学是教学本体，教帮助学""'以教为本'变为'以学为本'"；组织教师参加省教科所举办的生本教育研习班学习；多次派教师到广州、番禺、珠海、顺德、南海、新会、东莞、深圳、梅州、香港、澳门等地的"生本名校"取经，以听课、听经验介绍和采访提问等形式，感受生本教育理念和操作方法；印发生本资料，组织教师学习，安排教师上生本研讨课，互相观摩研究，使课堂成为生本教育研究基地；坚持举行教师会议前三分钟演讲——"我秀我特色"，介绍成功做法，坚持举行期末生本教育实践经验交流会，不断推广和推进；开设育才园地博客，要求教师坚持用博客真实记录整个生本研究过程，使教师学习生本，思考生本，实践生本，享受生本。第二，操作生本课堂。制定生本教育课堂评价标准，制作"育才学校生本教育课堂教学评价表"，从教师导学和学生状态方面提出具体要求，为教师设计课堂教学作参照；了解构建生本小组合作学习的意义，探究建设优秀合作学习小组的办法，培养学生小组合作学习习惯；坚持实行"课前自学—小组讨论—全班交流—教师保底"的生本教育课堂模式，注重探究各学科生本课堂教学特点，提炼学科生本教学特色关键词；组织全校共读、班级共读、师生共读、亲子共读，以推动大阅读；强调自主的课程意识，要求教师根据服务学生的实际需要对教材进行整合、选编、删减，教师不应是忠实的课程教材执行者，而应是主动的课程教材建设者和创造者。最终使生本课堂变被动的、静态的接受性学习为主动的、动态的参与性学习，体现出人文之美、自由之美、智慧之美、和谐之美。第三，进行生本管理。大胆放手，依靠学生开展学校、班级、同伴和自我四个层面的管理。以公开竞选上岗的方式，成立学生会，制定《学校自主管理方案》和《自主管理先进班评比方案》，把学校交给学生管理，让学生参与到各项具体管理工作中去，充分体会"我校我管我能行"；实施"人人岗位责任制""把班级还给学生""有问题找学生"，让学生成为班级活动的主人，学会承担"我的岗位我负责"；坚持小组合作学习和管理，让学生学会管理别人和接受同伴的管理与监督，培养学生团队精神和合作意识，共同达成"合作学习齐进步"；开展"超越自我"的"德育自省周记"活动，通过"自我认识""自我激励""自由讲"和"班主任寄语"四个栏目，让学生反思自我、查纠自我、肯定自我、超越自我，内化品德，努力达到"每周一省促成长"。第四，开展生本活动。每学年坚持举行读书节、科技节、体育节、艺术节四大节日活动，开展感恩教育、生命教育、礼仪教育、责任教育的德育系列活动，创建平安校园、文明校园、快乐校园。第五，确立生本评价。修改教师工作评价方案，不以学生期末考试平均分、优秀率、合格率、低分率评价教师，只以学生毕业考试成绩评价科组教师；将学生在校学习分为成长期和成熟期，提倡减少或最终取消学生成长期的频繁统一考试，把考试评价主动权还给学生或科任老师，将教学过程中的评价活动改为评研活动，削弱日常评价的比较竞争功能，鼓励学生"为而不争"，用成长期生动、活泼、主动、自然、丰富的积累与感悟，在成熟期取得优异的终端考试成绩。第六，记录生本荣誉，巩固生本成果。学校于 2008 年 8 月编印生本教育课题研究阶段性成果《静待花开》，于 2010 年 8 月编印生本教育课题研究成果专集《根深叶茂》，于 2011 年 1 月编印学生作品集《每一棵草都开花》等，其中汇集着生本课堂、生本管理、生本德育、生本活动等操作性的文章，将 3 年生本实践的原创性经验作为学校宝贵的财富，作为学校下阶段改革的导航灯。①

广州花都区育才学校无疑是践行生本教育较成功的学校。那么，什么是生本教育？生本教育开展的情况如何？相信作为一种新的教育理念，生本教育还不为多数人所熟知，在此有必要作些补充。

所谓生本教育是指以生命为本的教育，以激扬生命为宗旨并为学生好学而设计的教育，在生本教育中，教育教学的真正主体是学生，要把以往教学中主要依靠教师的教转变为主要依靠学生的学，而教师的作用和价值体现在最大程度地调动学生的内在积极性，组织学生自主学习上。生本教育是构建有效课堂的理论支撑和实践模式。生本教育是华南师范大学博士生导师、广东教科所所长郭思乐教授提出的一种教学理念。1999 年，他开始在广州等地的部分学校做生本实验，到 2009 年，生本教育在全国包括港澳地区的 100 多所实验学校中取得巨大成就。2008 年《人民教育》第 21 期刊发长篇通讯《郭思乐和他的生本教育》，在全国引起轰动。到目前，全国包括港澳地区，已有 200 多所学校开展生本教育或办生本班。生本教育实验学校有广东实验中学、广东外语外贸大学附属中学、广东佛山南海区大沥许海中学、广州市八一实验学校、南武中学、广州四中、广州六中、广州八十六中、广州八十九中、广州番禺区洛溪新城中学、广州市花都区育才学校、新华中学、石化中学、天河区四十四中学、东圃中学等。

生本教育也不断引起全国各地教育行政部门领导和一些学校校长及教师的高度关注。如 2008 年 12 月 11 日至 16 日，湖北十堰市教育局组团赴生本教育实验的发源地广州，参加全国第二期生本教育理论与实践研修班，进行实地学习和考

---

① 危可鹏，陈燕芳. 善思者永不止步——"生本教育的观念和实践模式的研究"结题报告［EB/OL］.（2011 - 08 - 13）. http：//www.zaidian.com/show/zVxbKd6VsSZH2stC.html.

察。之后，他们对以下三点感到惊奇和震撼：第一，生本教育改变人们以往对教育本体认识不清，将教师当成教育本体，形成一种师本教育体系，即一切以教师好教而设计的教育体系，而生本教育则认为学生是教育本体，即一切以学生好学而设计的教育体系，一切为学生服务，学生是教育教学的终端，教育的本体应是学生发展。生本教育真正从实践层面揭示教育本质，回归到教育本体，生本教学高度尊重学生需求，依靠学生本能，激发学生内在动力和学习潜能，充分发挥学生自主性和积极性，帮助学生寻找到学习的快乐，使学生处于一种主动、竞技状态，对事物具有执著的探索精神，让学生学习自信、快乐、充满阳光。第二，生本教育的宗旨是激扬生命，生本教学课堂充满无限精彩。生本教育课堂以学生为主体，让学生主动、自主学习。而其具体表现形态为"四突出""三转变"和"四个基本流序"。"四突出"即突出学生，充分发挥学生主体作用，彻底改变教师讲学生听的局面；突出学习，整个教学过程处处突出学生的学习、质疑和探究；突出合作，4~6人的小组学习是最大特色；突出探究，让学生通过自主学习、探究获得知识，形成能力。"三转变"即变教师灌输式的教为学生自主性的学，使学生获得学习动力；变"听不懂""学不会"为"听懂了""学会了"，使学生掌握学习方法；变"他律"为"自律"，使学生获得自信、自尊，激发内在学习潜能。"四个基本流序"即课前预习或前置性作业（不固定，较灵活）；小组合作学习，4~6人小组交流讨论；班级交流，有小组代表交流，也有师生、生生互动；教师扮演高明的帮学者，引导点拨，让学生思维碰撞，燃起智慧火花。第三，生本教育既提升生命也提高质量，实现学生成绩和素质同步提升，破解素质教育与应试教育相矛盾的难题。生本教育认为，只有最大限度地把教转化为学，让学生在真正意义上成为教育教学过程的主人，才能把学生潜在的学习天性、本能和潜力最大限度地发挥出来，才能最好地实现学生积极、欢乐、高质、高效的学习，全面提高人的素质，在终端考试或检查中取得好成绩，实现我们的教育理想。生本教育解放了教师，发展了学生，使学生在终端考试中成为"必胜客"，也成就了教师，使教师因拥有这样的职业而幸福。而同期参加学习考察的沈阳市教育专家协会会长李锦韬对生本教育意义也作了几个"颠覆"的概括：其一，颠覆以往以师为本的教学，实现一切为学生，高度尊重学生，全面依靠学生的生本教育；其二，颠覆以往教师研训主要研究教师怎样教的方式，生本教育则在研究学生怎样学、如何让学生好学的问题；其三，颠覆以教师教得好为好课的标准，转变到教师的作用和价值为如何引导学生，使学生学得更好；其四，颠覆一直游离于课堂之外的德育课程教学，把德育融入学生生活之中，融入课堂之中。归结起来，生本教育就是对传统教育教学的颠覆，它的意义在于对教育本质的认识和教育实践模式的建构具有革命性的突破。①

重庆田家炳中学、山东章丘四中、湖北潜江徐李中学、上海金山区西林中学和广州花都区育才学校等，是通过倡导与实施幸福教育、创新教育、愉快教育、赏识教育、生本教育的教学理念而形成特色化建设模型的中学。而通过确立与践行教学理念，使理念在教育教学过程中能得到彻底贯彻，并发挥积极的主导作用，当是教学特色建模的第一种类型。

二、教学方式建模

特色校例 一

山东聊城市茌平县杜郎口中学——确立与践行"自主学习"的教学方式

2006 年 10 月《中国教师报》专题报道山东聊城市茌平县一所镇中学——杜郎口中学的课改情况，并同时刊发该报记者写作的题为"课堂的哥白尼革命，素质教育的突破口"的评论文章。文章说，杜郎口中学在崔其升校长的带领下，全面推进课堂教学改革，颠覆传统课堂权力结构，实现课堂的"哥白尼革命"，使学生成为课堂的中心。杜郎口中学课堂变革是在学生具备基本自学能力的条件下，以学生集体"自学"和学习成果"展示"取代教师"一言堂"，以学生自主、互动学习改变课堂死板面孔，使课堂真正成为学生学习时空和交流平台，实现学生学习态度、方式的根本转变，极大提高学习效率，有效促进学生个性发展和全面发展。杜郎口中学真正实现了"以儿童为中心"的现代教育理念。以儿童为中心，就是以儿童自主学习为中心，使他们在学习上成为自主全面发展的主人，以提高学习成绩，从而破解了"以儿童为中心"和"打牢基础"不可兼得的世界性难题。杜郎口中学的课堂改革和考试成绩、升学率并不矛盾，而恰恰相反，它以自主性的学习提高了课堂教学效率和学习成绩。这种以学习为中心的课堂教学改革，必将是实施素质教育的基本方向。杜郎口中学的课堂改革产生了广泛的影响，引来全国各地的学校相关人员前往参观学习。而在本省，更是产生了强烈的效应。2005 年 10 月，山东农村中学教育教学改革现场会在聊城召开。之后，杜郎口中学附近的王老中学和淄博市淄博区的朱台中学也借鉴了它的做法，同样取得显著效果。②

---

① 赴广东学习考察生本教育的报告 [EB/OL].（2009-08-27）. http://blog.sina.com.cn/s/blog_61e4bad70100f0w4.html.

② 李茂. 课堂的哥白尼革命　素质教育的突破口 [N]. 中国教师报，2006-10-25.

　　杜郎口中学的课堂教学改革大致经历以下几个阶段。第一个阶段是从 1997 年 4 月至 2000 年 7 月，这个阶段是改革酝酿期，学校在绝境中挣扎，让学生"动"起来。第二个阶段是从 2000 年 8 月至 2003 年 7 月，这个阶段是改革攻关期，学校定期举办教师论坛，启动名师带动工程，鼓励拜师学艺，发起"课堂大比武"活动，促进教师全员提高，实现整体推进的目标，把课堂还给学生。第三个阶段是从 2003 年 7 月至今，这个阶段是"336 模式"成型期。"336 模式"无疑是学校推行新课改、践行学生主体地位而摸索出的自主学习的高效课堂教学模式。它包括课堂自主学习的三个特点，即立体式、大容量、快节奏。立体式就是教学目标和任务按照新课程要求的三维立体式，将学习任务落实到个人和小组，充分调动学生主体性，发挥学习小组的集体智慧，产生不同层次和不同角度的思考与交流；大容量就是以教材为基础，通过辩论、小品、课本剧、诗歌、快板、歌曲、绘画等多种课堂活动形式进行拓展、演绎、提升，倡导全体参与体验；快节奏就是在单位时间内，紧扣目标任务，通过周密安排和师生互动、生生互动，达到预期效果。它同时包括课堂自主学习的三个模块（课型），即预习、展示、反馈。预习要求教师指导，小组合作，预习的主要任务是要达成学习目标，生成本教学内容的重点和难点，完成基本教学内容的学习和基本问题的解决，提出疑难问题，并由全班合作解决；展示要求全员合作，激情互动，"展示"与"预习"紧密相连，教师要根据学生"预习"情况，对事先准备的所要展示的"问题"进行修改和调整，之后提供给每个学生，使生生、师生、组生、组组互动，阐述观点和见解；反馈要求达标测评，反思提高，具体步骤是让每个学生梳理"展示"所得，对"展示"前没理解、没想到、没掌握的内容进行查缺补漏，对理解偏差、做错的内容进行反思，后据梳理结果进行拓展与深挖，并总结归纳，形成知识结构，最后同伴互评，自由结伴提问。它还包括课堂自主学习的六个环节，即预习交流、明确目标、分组合作、展现提升、穿插巩固、达标测评。预习交流、明确目标就是通过学生交流预习情况，明确本节课的学习目标；分组合作就是教师通过口述将学习任务平均分配到小组内，一般每组完成一项；展现提升就是各小组据组内讨论情况，对本组学习任务进行讲解、分析等；穿插巩固就是各小组结合展示情况，对本组未能展现的学习任务进行巩固练习；达标测评就是教师以试卷、纸条等形式检查学生对学习任务的掌握情况。"336 模式"就是"教为主导、学为主体、师生互动、共同发展"的教改套路的概括，它的价值在于体现课改的价值追求，具体体现了关注生命和实践的教育观、主体自主发展的学生观与建构主义的学习观，促使学生从被动学习向自主学习转变，在"自主课堂"中形成"我参与、我快乐"的良好氛围，在"自主学习"中树立"我自信、我成长"的坚定意志。

　　杜郎口中学成功的课堂教学改革使学校成为全国农村教育的样板，成为新课程改革的实践支撑和素质教育的核心突破示范基地。杜郎口中学课堂教学改革应该成为全国各地的中学从应试教育走向素质教育的一个"通道"。

特色校例 二

江苏洋思中学——确立与践行"自主、合作与探究学习"的教学方式

　　20 世纪 80 年代，教育家蔡林森校长在洋思中学探索和实践了"先学后教，当堂训练"的教学模式，2006 年，在时隔 30 多年后，他加盟河南沁阳永威学校，仍然坚持并丰富着这一教学模式。"先学后教，当堂训练"的教学模式其实就是一种教学方式。它包括三个主要环节：第一，"先学"，即学生用 15～20 分钟看书（读书）、检测；第二，"后教"，即学生用约 10 分钟更正、讨论，最后教师点拨；第三，"当堂训练"，即学生用约 15 分钟当堂完成作业。而在这三个主要环节之前还有三个辅助环节，即板书课题、出示目标、自学指导，用 1 分钟左右完成。三个主要环节系统性、逻辑性强，它们相互联系，密不可分。

　　"先学"和"后教"改变了传统的"教"与"学"的顺序，强调学生看书、检测的自主学习在前，学生更正、讨论的合作学习在后；也强调"学"与"教"的主次，即以自主学习为主，以合作学习为次；还摆正"学"与"教"的关系，即"以学定教"，依据"先学"的"学情"确定"后教"的内容与方法，"以教促学"，"后教"就是让做对的学生给做错的学生更正，老师点拨。"当堂训练"强调当堂完成作业，当堂达标，这个环节从根本上促使学生在"先学"和"后教"两个环节中学得紧张与高效，而学生在"先学"和"后教"两环节中学得扎实与高效，就能保证"当堂训练"的顺利完成。因此"先学后教"和"当堂训练"互相促进，不可缺少。它们是完整的教学结构，其中不可随意改变顺序，也不可随意增减或改动某一环节；它们也是科学的教学结构，遵循着实践—认识—再实践—再认识的规律，也体现着自主、合作、探究的学习原则，即先自主学习（先学），再合作学习（后教），最后还是自主学习（当堂训练），而全过程是探究性学习，并且这种教学模式还特别规定"先学"是在课堂上，不必强求学生参与课前备课，做大量预习作业，同时还规定"当堂达标"，就是当堂完成作业，不向课外延伸，减轻学生课业负担。它们还是高效的教学结构，既能提高教学质量，减轻学生负担，又能有效实施素质教育，在中小学普遍推广。"先学后教，当堂训练"的教学模式是洋思中学长期坚持实践创新的成果，是"自主、合作、探究"的新型教学方式，运用这种教学模式，可以灵活操作，搞"大

'先学后教'"或"细'先学后教'",但要正确推广,要坚持不把"先学"内容移至课前,不把"当堂训练"内容移至课后,不把"后教"内容变成教学汇报或教学展示。洋思中学的"先学后教,当堂训练"的教学模式也一直吸引全国各地的学校人员前往参观学习,许多学校都从无模到仿模,从仿模到创模,对洋思中学的这一模式进行创造性地发展与运用。①

山东杜郎口中学和江苏洋思中学等学校,是通过确立与践行"自主、合作、探究"的新型教学方式而形成特色化建设模型的中学。通过确立与践行新型教学方式,使课堂教学气氛浓烈,课堂生成状态良好,教学效果显著,教学质量提升,当是教学特色建模的第二种类型。

三、教学方法建模

特色校例 一

广东珠海金海岸中学——推行与实施"散合式教学法"

珠海市金湾区金海岸中学是 1992 年 9 月创办的一所规模完善、设备齐全的区属完全中学,该中学确立与践行"散合式教学法"。"散合式教学法"根据创造性教育理论,将各科的课堂教学分为发散思维课和辐合思维课两种基本课型。发散思维课的步骤包括"预习—讨论(谈理解、作评价等)—质疑—解疑"四个环节。"预习"环节注重研究各科自主预习的特点;"讨论"环节重点把握学生分组学习的利弊、如何激励学生大胆发言、训练学生具备"流畅"的课堂语言表达能力和提高学生在课堂表达中的"变通"能力;"质疑"环节重视培养学生怎样才能具有更多"独特"的想法;"解疑"环节重视研究教师对学生的点评技巧。发散思维课的四个环节,主要训练学生思维的发散性,教师课前对教材不作任何评价、暗示和导向,不定任何目标(也可根据学科特点,展示课程标准),要求学生从"自己百思不解之处、自己理解领会的欣喜之处、自己质疑不妥有误之处"三个方面对教材展开全方位思考,然后准备在课堂发言。教师在课堂上参与讨论,同时做好点拨、解疑、激励等工作。"散合式教学法"的程序一般为先"散"后"合",而其结构比例可根据教学的具体情况,灵活采用 0.5:0.5 式(半节发散思维课,半节辐合思维课)、1:1 式(一节发散思维课,一节辐合思维课)或 2:1 式(两节发散思维课,一节辐合思维课)等,同时要求教师每节课讲授的时间不能超过 15 分钟,每科的课代表要做好每节课同学参与(发言、

---

① 蔡林森. 课改,亟需科学发展观引路 [N]. 中国教育报,2013 – 12 – 04 (12).

上台演练）情况的登记。"散合式教学法"采用圆桌式的座位，营造民主、和谐的氛围，采用讨论会式的课堂，使学生学习轻松愉悦，采用"提问、评价、质疑"的教学模式，使学生思维拓展活跃。总的来说，该法理念新颖，操作容易，效果良好。2009年11月18日，陕西西安市各区县的37位中学校长专程前往该校观摩学习。

"散合式教学法"源于该校的"散合式语文教学法"，这种语文教学法是由郭铭辉老师根据创造学理论并借鉴国内外创造性教育的成功经验而创立的，并于1997年出炉"'散合式语文教学法'实验方案"，组织科组教师进行实验。"'散合式语文教学法'实验方案"具有三个特点：一是把创造性思维原理和语文教学紧密结合，走思维训练之路，把培养学生创造性思维能力特别是创造性阅读能力，作为语文教学的重要任务。二是把传统和现代结合，正确处理继承与发展的关系。在"散合式语文教学法"中，发散思维课是现代教育观的反映，表现的是学生的精彩；辐合思维课是传统教学的继承，表现的是老师的精彩。三是把素质教育和应试指导结合，发散思维课重在培养学生语文素质，辐合思维课则可根据需要对毕业班学生等加强应试指导。

1999年11月，在市教育局教研员、语文教育专家容理诚和中语会会长、特级教师程锦辉以及特级教师陈远亮等人的支持和极力推荐下，该实验立项为珠海市"九五"教育系统教育科研课题，2001年10月通过市教育局教科研中心的结题验收，12月荣获省教育创新成果二等奖，接着该教学法在金海岸中学及金湾区被全面推广，取得了很好的效果；2002年该教学法荣获省教科研成果三等奖；2004年4月，陈明能老师的论文《散合式语文教学法的建构与实践》获得语文教学研究论文特等奖；2005年9月，郭铭辉的论文《散合式语文教学法》被批准为市级教研课题，金湾区教育局在学校召开"散合式语文教学法共鸣研讨会"，局长胡海建在会上全力推荐在区内推广"散合式语文教学法"；2006年5月，郭铭辉的论文《"散合式语文教学法"实验报告》获国家级一等奖；2007年5月，郭铭辉的论文《网络支持下的散合式语文教学法》被批准为市级教研课题；2007年7月，郭铭辉的论文《散合式语文教学法》再次荣获省第六届普通教育教学成果二等奖；2008年4月，杨俊校长的论文《金海岸中学散合式教学法》被批准为金湾区教研课题，9月该教学法在金海岸中学各科全面推广，发展成"散合式教学法"，11月郭铭辉受北京国际交流协会的邀请到澳大利亚参加"中澳基础教育改革发展合作与交流研讨会"，并在会上作题为"生机勃勃的散合式教学法"的演讲；2009年1月，江华波老师的论文《散合式教学法实践应处理好的八大关系》发表于《教育创新》上，同年9月"散合式教学法"被教育部立项为"十一五"教育科学研究规划重点课题。

金海岸中学语文科组教师的多年付出为"散合式语文教学法"积累了丰富的理论和实践经验。该教学法使学生学习方式得以改变,变"一言堂"为"众言堂",变"要我学"为"我要学",变"被动接受"为"自主学习",变"单一看问题"为"多角度看问题",变"只带耳朵听"为"五官齐动",变"权威教学"为"共同探讨",同时也使教师放下师道尊严,与学生共同探讨和提高,师生教学的转变使课堂充满活力。

因确立与践行"散合式教学法",金海岸中学先后多次被评为全国课堂教学创新示范学校、全国新课程改革先进学校、广东省高中教学水平评估优秀等级学校等。

特色校例 二

山东莱阳市万第中学——推行与实施"尝试教学法"

莱阳市万第中学为培养学生探索创新的学习能力,训练学生发散求异思维,掌握"尝试—领悟—发现"的学习方法,增强学习的独立性、主动性与创造性,而推行"尝试教学法"。

其实施步骤分为三个阶段:第一阶段是准备阶段,时间在 2012 年 3 月。主要制定学校理科推行"尝试教学法"实施方案,确定试点级部和教师,学习邱学华"尝试教学法"有关理论,并将其教学模式的相关资料下发给每位老师,要求教师认真学习,撰写学习心得体会,并由实验教师提供 2 至 3 节观摩课,供大家研讨。第二阶段是实施阶段,时间从 2012 年 4 月到 11 月。主要制定评价表,改变评价方式;抓好检查落实,全面深化教改;进行阶段性小结,由实验教师撰写阶段性实验报告,学校主持召开座谈会,交流阶段性成果及存在问题。第三阶段是总结深化阶段,时间从 2012 年 12 月到 2013 年 1 月。主要总结尝试教学法实践的成功经验以及所发现的问题,并以专题讲座和研讨会等形式交流推广,供教师们学习借鉴,同时对实验中存在的问题,继续制定相关措施,深入开展研究;积累尝试教学法的经验材料、教学案例、课堂视频资料及尝试练习题集锦等成果;表彰奖励先进个人和集体,召开成果表彰会,对实验中表现突出的先进教师进行表彰奖励。同时,为保证"实施方案"的有效顺利试行,加大监管、评估力度,学校还特别成立"尝试教学法"课堂领导小组和评价小组。

"尝试教学法"是江苏省特级教师邱学华于 1982 年开始进行实验的一种教学法,经 20 多年的积极探索和努力实践之后,最终发展成为一种独具特色的教学理论,这种教学理论基本属于探究式教学模式范畴,这种教学理论被教育界称为

"邱学华现象"。1982 年，邱学华老师在《福建教育》上发表《尝试教学法的实践和理论》一文，使全国掀起了一股"尝试热"。尝试教学法的基本观点是"学生能尝试，尝试能成功，成功能创新"，最大特点是"先练后讲，先学后教"，两个特征是"先试后导、先练后讲"，基本操作程序与步骤是"出示尝试题—学生自学课本—尝试练习—学生讨论—教师讲解"，程序的基本模式是"准备练习—出示尝试题—自学课本—尝试练习—学生讨论—教师讲解—第二次尝试练习"的"七步法"，课堂教学的基本结构是"出示尝试题、自学课本、尝试练习、学生讨论、教师讲解"及"基本训练（5 分钟左右）、导入新课（2 分钟左右）、进行新课（15 分钟左右）、尝试练习（6 分钟左右）、课堂作业（10 分钟左右）、课堂小结（2 分钟左右）"的"五步六段式"，其中五个步骤于第三阶段"进行新课"中进行。尝试教学法突出"学生为主、自学为主、练习为主"的"三个为主"，强调"充分发挥教师的主导作用、学生的主体作用、教科书的示范作用、学生间的相互作用"的"四个作用"，培养"尝试、探索、创新"三种精神，促进"有利于大面积提高教学质量和全民素质，有利于培养学生创新精神并促进智力发展，有利于提高课堂教学效率从而减轻学生课外作业负担，有利于转变教师的教育思想从而提高教师素质"的"四个有利"。尝试教学法以尝试改变一贯的注入式教学，使教师的主导作用和学生的主体作用紧密而有机地结合，对教学起到极大的促进与推动作用。

珠海金海岸中学和莱阳万第中学，是通过推行与实施"散合式教学法"和"尝试教学法"新型教学方法而形成特色化建设模型的中学。除以上两所中学之外，还有其他一些中学推行与实施"O 型教学法""情景教学法""学案导学教学法"和"讨论法"等。这些学校通过推行与实施新型教学方法，活跃课堂教学气氛，提高课堂教学效率，增强课堂教学效果，优化课堂生成状态，提升课堂教学质量，这应是教学特色建模的第三种类型。

四、教学课程建模

特色校例 一

浙江杭州二中——选修课程彰显学校特色

杭州二中是 2014 年 4 月 10 日浙江省教育厅公布的 32 所首批省一级普通高中特色示范学校之一，杭州二中与别的入选学校一样，入选的一个相同理由就是新课改做得好，选修课开得多，而且选修课还开得更灵活、更全面。这主要表现在学校能自觉主动地与周边的大学、职校及其他企事业等单位合作，进行选修课程的研究与开发，开设了很多有意思的课程。校长叶翠微说，在开设选修课的过程中，学校不仅利用高校资源，也吸纳优质的社会资源，如省交通银行、省电信公司等。像学校与交通银行合作开设金融理财课程，与浙江中医药大学合作开设"走进中医"课程，与新东方合作开设"出国留学与国外考试"等课程。此外，还有安卓系统软件设计、电脑软硬件维护、《红楼梦》阅读与研究、英美文学、企业经营沙盘、收音机的原理与制作、三维动画设计、击剑技术等课程。2012年11月6日，杭州二中向浙江旅游职业学院、浙江艺术职业学院、中策职校和江滨职校等学校的7位教师颁发聘书，聘请他们授课。当然也允许学生走班和走校上课。

杭州二中的课程建设目标是要构建"一体两翼三层四类"的新课程结构，使学校的多样化课程体系内容更丰满，办学特色更鲜明。"一体"指向作为学业基础的国家必修课程，即"核心课程"，"两翼"指向为人格成长的"社会类自主课程"和指向为智慧成长的"学术类自主课程"，"三层"指"一体两翼"三大板块的课程，均按由低到高三个目标层次设计和实施，"四类"指核心课程、社会类自主课程、学术类自主课程和以现代学生必备的"10＋1"基本素养为内容的"学校基本素质课程"四个课程类别。除核心课程外，其他三种课程都属于选修课程。

浙江自从2012年秋季实施课改新方案之后，就很重视调整高中必修课和选修课的学分，必修课学分从116分减至96分，选修课学分从28分增至48分。提高了选修课比例，并将选修课分为知识拓展、职业技能、兴趣特长、社会实践四大类，学校可根据本校、本地区实际情况设置选修课程。而从那时开始，很多学校就忙着开设选修课程。2013年2月，浙江教育厅开始在省内4所高中试点，推行高中"必修课走班制"，打破传统班级授课，允许学生自主选课，走班学习。目前该省高中选修课已开始展开走班教学，必修课也紧跟步伐，把更多课程学习选择权交给学生，把更多课程开发权交给老师，把更多课程设置权交给学校。

因此，除了杭州二中之外，还有杭州外国语学校、杭州师大附中、杭州十四中、杭州高中、宁波镇海中学等学校，选修课也都开设得不错。杭州外国语学校以"外语特长、文理兼优的全面发展的国际化预备英才"为培养目标构建课程体系，积极开展国际交流与协作，努力和国际教育接轨。杭州师大附中充分利用自身的优势，从浙江大学和杭州师大引进18门选修课程，每学期开设2个实践周，每周安排4个下午走班或走校上课学习，其中与杭州师大开设近10门选修课，课程有化学实验课、光的应用（物理类）、食品加工（生物类）、生态与人类文明、戏剧、中国传统文化、中国医药文化、化学与人类文化等。①

当然，能通过开设选修课程彰显学校特色的中学，除了杭州二中等学校之外，值得一提的还有上海建平中学和广西南宁二中。

上海市建平中学建构的特色课程是"模块"课程。例如，"语文大家"系列课程就是该校课程系统中的重要模块。学校从文化角度选取文学史上最重要的一些大家大作，像《论语》《楚辞》《史记》《红楼梦》、鲁迅作品、莎士比亚戏剧等中外文学经典，让学生研读，细细品味，接受大师作品的熏陶，让每一个大师都成为学生心中的一座文化丰碑，使学生形成大志向、大境界、大胸怀，以应对当下社会所出现的消解崇高、伟大、深刻，而趋向平庸化、低俗化、娱乐化的文化思潮。

南宁二中是广西的名牌老校，是第一批示范性普通高中，学校在长期发展过程中，进行了许多有益的教学尝试，其中增设选修课是最有特色的一项。学校从2009年开始就把每天第九节课作为全校选修课，开设10多门选修课程，而到2011年，就达到50多门。这些门类繁多的选修课程，有的与学科教育教学相结合，有的与生活技能相关联，而课改方案中新增的通用技术科目，也已开了好几年，成了必修课。而为让学生对众多选修课程进行快速而科学地选课，学校在每年开学前都会举行选修课程推介会，让学生根据老师的推荐，选择适合自己发展并且自己感兴趣的一些科目。广西实施高中新课程改革之后，学校会有更多的课程设置权，而校与校之间的区别也将主要体现在选修类课程的设置上。南宁二中根据校情和学情，科学合理地设置选修课程，的确能彰显学校的办学教学特色。

特色校例 二

北京市十一学校——大力研发课程凸显学校办学教学特色

北京市十一学校是1952年在周恩来和罗荣桓等老一辈革命家的亲切关怀下，由聂荣臻元帅用新中国成立日为之命名的一所完全中学，2004年被评为北京市示范性普通高中，2011年被批准为国家级教育体制改革试点项目学校——"深化基础教育学校办学体制改革试验项目学校"。

从2009年开始，学校采取大课程观，将现有的国家、地方、学校课程进行

---

① 2014年浙江32所首批省一级普通高中特色示范学校名单［EB/OL］.（2014 - 04 - 11）. http：//www. 233. com/zhongkao/zixun/dynamic/zhejiang/20140411/115827855. html；浙江省首批共32所一级特色示范普通高中公布［EB/OL］.（2014 - 04 - 10）. http：//news. eastday. com/eastday/13news/auto/news/csj/u7ai1184415_K4. html；浙江省杭州第二中学选修课程体系建设方案［EB/OL］.（2015 - 11 - 21）. http：//www. doc88. com/p - 9999568103860. html.

整合，通过数学、物理、化学等理科课程分层设计和语文、英语、历史等人文学科分类设计的办法，对国家课程校本化，开发出 265 门学科课程；从信息、通用技术两门课程中开发出数据库、移动互联应用、电子技术、机器人等 15 个模块课程；从体育课中开发出田径、篮球、足球、排球、网球等 22 个模块课程；从艺术类课程中开发出中国画、油画、书法、动漫、声乐、戏剧等 24 个模块课程，并对每个模块课程进行二度开发，像戏剧课又分出音乐剧《歌舞青春》、京剧《三岔口》、话剧《雷雨》等 12 个剧目的课程；同时还开设 30 门综合课程和 69 门职业考察课程（特需课程），分属 30 个行业，以帮助学生厘清职业目标，满足学生个别需求；开设以罗马尼亚、美国、英国、韩国等 11 个国家名字命名的外国文化日课程；2014 年春季学期，设置 60 类、545 个学生自主管理岗位课程，像教师助教、图书管理员、晚自习管理员等，学生根据表现可获得相应学分；开发"思方""行圆""志远""意诚"等许多"非典型"课程，像打扫卫生、参加社团活动、看电影、听讲座、接待外宾等都成为有评价、有学分的课程；鼓励学生自主设计课程，像刘毅伦创建"校服文化中心"，与一家知名服装公司合作，将学校单一的校服变为近 50 种款式，深受同学欢迎，而该中心也被评为自主实践课程"精品项目"；开发分层、分类、综合、特需等不同类别的校本教材超过 400 本；所有课程供学生自主选择，学生走班上课，学校共有 4 174 名学生，每生一张课表，共有 1 430 个教学班，每班人数不超过 24 人，行政班和班主任消失，形成全员育人机制，并且学生自主选课，同班学生课程安排千差万别，固定班级授课制无法容纳变化的课程，因此学校将所有教室改造成 271 间学科教室，拆掉讲台，让任课教师常驻教室，站在学生中间进行平等对话交流，并将 1 200 多类图书、1 000 多种实验器材引入教室，实现学习资源与学习过程的无缝对接；设置学生自发组织社团 272 个，公益慈善类 30 个，商业经营类 13 个；设置体育季、戏剧节、泼水节、狂欢节、电影节等 5 个节日；设立奖学金等 31 个评优项目，其中乐仁奖学金、思享奖学金、乐群奖学金由学生设立。

　　十一学校通过提供丰富的选择性课程、平等的师生对话交流教学和学生自主的管理方式，在全面提高学生的综合素质的同时，也使学生在不断的选择过程中，发现自己的兴趣、才能和需求，并充分张扬个性、挖掘潜能、唤起内动力，将学习与人生方向联系起来。而这种不断使学生发现自己、唤醒自己、做好自己，积极观照自我的梦想和未来的教育，正是学校所要努力追寻的本质和目标。学校课程研究院院长秦建云说，"课程"在拉丁语中的原意是"跑道"，开设不同课程，是为了给学生开辟成长所需要的不同"跑道"，过去我们的学生就像一节节车厢，在升学、分数的单一跑道上被动前行，现在学生装上"发动机"变成"动车"，在不同跑道上奔驰。而校长李希贵就是决心要创办这样适合每位学生发展的教育，当谈起最初的学校改革时，他很形象地说："当我们走过一片森林，只会感叹森林的壮观，却对每棵树的情况语焉不详。就如同我们过去只关注学校办得好，但对每名学生发展得好不好缺乏关注。但是校园不比森林，我们没有权力通过竞争去实现优胜劣汰，而是要发现每棵树独特的生存需求和生存价值。"①

浙江杭州二中和北京市十一学校等中学，是通过大力开发和合理设置选修课程而形成特色化建设模型的学校。通过多种途径努力研究开发和科学合理设置选修课程，不断丰富教学内容，满足学生个性发展需求，从而彰显学校办学与教学特色，当是教学特色建模的第四种类型。

第三节　德育特色建模

特色校例 一

辽宁大连第八十中学——倡导与实施"生命教育"

辽宁大连第八十中学倡导与实施生命教育，是源于校长丛滨所受到的一则新闻的启发。2005年，丛滨阅读到报纸上的一则新闻，说到深圳一个小学四年级的女孩，发现父母在家洗澡时煤气中毒，能在第一时间开窗通风，拨打120求救并清楚告知家庭住址，同时打电话通知亲友。小女孩于危急时刻能想起学校老师曾教给他们的一些应急常识，以挽救父母的生命，使丛滨深受启发。他认为，学校除了应教给孩子们书本上的知识外，还应教育孩子们认识生命，尊重生命，珍爱生命，在实施教育过程中，既要重视科学教育，又要重视人文教育，即"生命教育"。于是丛滨确定将对生命的教育融入学校的一切教育教学工作中去，学校的"生命教育"由此起航。

2006年以后，全校师生开始探索并实践"生命教育"，"捍卫生命的尊严，激发生命的潜能，提升生命的品质，实现生命的价值"。学校从设置生命教育课程，打造生命教育活力课堂，实施体验式生命教育主题活动入手，激发学生对生命的尊重和对生活的珍爱。而学校在实施生命教育校本课程和进行"体验、实践式"生命教育主题活动两年之后，学生学会了关心自我和关爱他人，拥有了乐观积极的心态，甚至受家庭宠爱而任性、偏激、具有自杀倾向的孩子也了解到生命

---

① 李曜明，高靓. 追寻教育的本质——北京十一学校创新育人模式改革纪实（上篇）[N]. 中国教育报，2014-04-01（01）.

的可贵，懂得尊重生命，再也不会动辄以自杀要挟家长。学校还给家长一个好孩子，家长因此非常感激。而直至今日，学校一直坚持根据不同年龄段学生的特点，进行九年一贯制的"生命教育"，开学第一周，老师会对学生进行唤醒生命意识、关注生存环境、提高生命质量、训练生存技能等方面的教育。校园里，无论是操场还是走廊，无论是教学楼还是每一面墙壁，到处都洋溢着生命教育的气息。

学校创设生命教育主题馆，自主研发生命教育校本课程，打造"高效活力课堂"，开展各种体验及实践式主题活动，对学生进行多元评价等，校内的一切教育教学工作，都紧紧围绕着生命教育进行。"生命教育"成了学校的特色文化。因此，丛滨校长曾说，一所学校要想得到社会的认可、家长的满意，其核心竞争力就是学校特色文化，如果说教育教学的质量是学校赖以生存的保证，那么校园文化及办学特色就是学校可持续发展的生命力，教育就是要回归本原，关注每个学生的幸福指数。①

2014年5月4日，重庆江北中学第四届生命教育周活动拉开帷幕。据校长但汉国介绍，学校正在整体规划生命教育校园文化建设，将在原有的百年阶、名师桥、江中赋、浮雕墙等文化建设的基础上，围绕"生命·思考""生命·善晓""生命·向上""生命·求真"等十大教育主题，进一步打造校园生命教育文化，将显性的物质文化与隐性的人文精神进行有机组合，构建成鲜活的校本教材，深化学校生命教育办学特色。江北中学实施生命教育，收获丰硕，学校的生命教育研究成果《生命教育校本教材个案论文集》荣获全国和谐德育课题研究优秀成果一等奖，校长但汉国与分管德育的潘松校长先后获得"首届全国生命教育形象大使""生命智慧"优秀个人奖等荣誉，学校也荣获"全国生命教育示范学校"称号。②

生命教育就是有关生命和生死观的教育，是通过生命管理实现生命价值的全人教育，是帮助学生认识、珍惜、尊重、热爱、敬畏、欣赏、成全生命，提高生存技能和提升生命质量及实现人生价值，培养具有科学精神和人文素养的一代新人的教育活动，内容涉及生命与健康、生命与安全、生命与成长、生命与价值、生命与关怀等。据教育部和公安部等单位对北京、上海等10个省市中小学生的调查显示，全国每年约有1.6万名中小学生非正常死亡。因此，实施生命教育，

---

① 大连中学开展生命教育引导学生尊重生命［EB/OL］.（2013 – 09 – 18）. http：//blog. sina. com. cn/s/blog_61e4bad70100f0w4. html.

② 赵军. 江北中学开展生命教育活动［N］. 重庆晚报，2014 – 05 – 13（19）.

就是要引导学生融入社会和生活，增强自我选择和自我造就的信心和决心，学会用自己的脑子选择自己的生活方式，选择自己的人生道路，全面提高"自我"的能力。首先，实施生命教育，就是要重视心理健康教育。据报道，新疆乌鲁木齐市从 2006 年秋季学期开始，就对全市 30 多万中小学生进行心理健康教育，在中小学开设心理健康教育必修课，要求义务教育阶段的中小学各年级每月要安排 2~4 课时的心理健康教育课，高中阶段每月至少要安排 2 课时的心理健康教育课，每所学校至少要配备 1 名专业心理教师。其次，实施生命教育，就是要重视死亡教育。对死亡不了解的人，就不会珍惜自己和他人的生命。世界上许多国家都把死亡教育作为一门课程，像美国从 1960 年开始就把死亡教育作为学校教育的一门学科，1968 年学者加德纳出版《生命教育》一书，探讨关注人的生长发育与生命健康的教育真谛，并在加州创建阿南达学校，倡导与实践生命教育思想，1976 年就有 1 500 所中小学开设生命教育课程，到 20 世纪 90 年代中小学的生命教育基本普及；而英国，让孩子从小学开始就接触到死亡教育课程，1987 年成立生命教育中心英国基金会，开展生命教育；德国实施"死的准备教育"，出版专业教材，引导人们用坦然、明智的态度挑战死神，并重点开展善良教育；日本 1989 年针对青少年自杀、欺侮、杀人、破坏环境、浪费等现象，在新修改的《教学大纲》中提出"以尊重人的精神"和"对生命的敬畏"的观念来定位道德教育目标，而其后针对青少年脆弱心理和自杀事件所提出的"余裕教育"，目的是让青少年认识生命的美好和重要，能面对并且很好地承受挫折，热爱与珍惜生命。而我国的死亡教育，还是一片空白，甚至整个生命教育的开展，时间也都比较晚。2002 年，香港成立生命教育中心，以学校、传媒和非政府机构作为主要力量，对中小学和社区开展生命教育，而教育署课程发展处也提出"生命教育教师培训"，表示政府对生命教育的重视。2004 年，党中央、国务院针对加强青少年思想道德建设、开展青少年生命教育提出明确要求，并出台 8 号、16 号文件，做出全面性战略部署，号召把生命教育作为思想道德建设的重要载体，科学有效地实施生命教育活动，将其纳入全民素质教育。同年，从事生命教育的民间公益群体"关爱生命万里行"活动小组成立，重点关注青少年的和谐成长，尤其对具有自杀倾向和失足的青少年提供心理与社会支持服务，促成人大代表提出预防自杀、生命教育的相关议案或建议。同年，上海、辽宁等省市率先在内地颁布有关推行生命教育的纲要或方案，让中小学生认识、珍惜、尊重、关爱生命。尽管如此，部分省市学校开展生命教育，也还是多流于形式，效果不太好，只有台湾地区和云南省开展得比较好。总之，实施生命教育，需要多方面的合力，学校、家庭、社会、媒体都有责任对学生进行生命和安全等方面的知识教育和宣传，让学生了解生命，从而能保护好自己和他人的生命。①

特色校例 二

桂林孔子学院大成学校——倡导与实施"国学教育"

桂林孔子学院大成学校是毛勇创建的一所学校，1999 年创办时初名为桂林蓝田学校，到 2006 年学校才改为现名。从 2004 年起，毛勇开始在学校启动中华文化经典诵读工程，即中华传统文化断层重整工程，大力向社会推广少儿诵读经典的教育模式，积极鼓励少儿在老师和家长引导下，诵读《论语》《大学》《中庸》《弟子规》及其他优秀古诗词，使学校成为桂林首家开展中华文化经典诵读活动的民办学校。毛勇认为，中国古代非常强调做人教育，在知识教育里浸透做人的道理，贯穿着为人处世的原则，而现代教育注重知识灌输，忽略做人、待人之道。毛勇说："让孩子重读经典国学，不仅是对孩子进行知识教育，更是对其道德行为的教育，是对现代教育重智轻德的重要补充。"2006 年 6 月，桂林国学文化教育传播有限公司、桂林经典教育推广中心、桂林辰山社区、青青子衿经典学堂和大成学校联合，在青青子衿学堂等地举办五场"经典教育专题报告会"，由桂林理工大学教授、广西师大客座教授、青青子衿学堂校长周瑞宣等人主讲，取得了很好的效果。

国学教育是 2000 年进行的一项教改实验。作为教改实验，在开展活动之后，都得到了全国各地中小学和社会有关教育机构及人士的积极响应，一些地方的中小学开设了传统文化诵读班，一些社会教育机构开办了读经班和习艺班等，进行传统文化和传统礼仪教育，对促进青少年儿童良好思想品德的形成起到了积极的作用。但由于中小学存在着各种频繁的考试，同时缺乏切实可行的措施和严格的制度规范，因此国学教育很难得到全面落实、推广和普及。发展到今天，倡导者多，但又只是像烟花，灿烂瞬间而归于寂寞；实践者少，只有极少数地方的极少数学校还在坚持试验。而社会上各种教育机构所办的各类国学班，虽然还"红

---

① 国外及台湾地区死亡教育情况 ［EB/OL］. (2008 – 12 – 25). http：//news. sohu. com/20081225/n261422554. shtml；死亡教育 ［EB/OL］. (2006 – 06 – 04). http：//baike. baidu. com/view/253474. htm；国内外生死教育现状及发展趋势 ［EB/OL］. (2012 – 06 – 29). http：//wenku. baidu. com/view/08c9868702d276a201292e04？fr = prin；关注中小学生命教育 让校园充满生命情怀 ［EB/OL］. (2013 – 05 – 07). http：//www. zj. xinhuanet. com/newscenter/science/2013 – 05/07/c_115673771. htm；王野川. 国内外中小学生命教育现状及"十二五"生命与安全教育研究展望 ［EB/OL］. (2011 – 12 – 17). http：//blog. sina. com. cn/s/blog_4e222e850100wb5h. html；生命教育 ［EB/OL］. (2007 – 11 – 21). http：//baike. baidu. com/view/950173. htm.

火"，但很多是为追求经济效益而开办的，不是真正为了传播传统文化、加强当今青少年儿童思想品德培养的纯粹的国学教育。

国学教育在我们时下的中小学出现"浅尝辄止"的情况，不能不说是一种悲哀。现在我们的青少年儿童所受的思想道德方面的教育普遍较少，这方面的水准也较低，而国学是我们中华民族几千年文化的精华，其中含纳着许多正确的思想和传统的美德，继承、传扬和发展民族传统优秀文化，使青少年儿童从中受到润染，从而确立起正确的思想、道德观念，这是我们必须要去面对的问题，但事实上，我们现在找到了"路子"，却不肯坚决往回走，另外想往回走时也有高考中考等这些"关卡"在阻止着，因此还在停留，甚至观望。

当然，一些有识之士是一直在倡导国学教育的。

叶嘉莹在谈到如何学习古代优秀的传统文化时说，从幼儿园开始就可以教儿童学古诗，幼儿记忆力强，如果能以唱歌、游戏和讲故事的方式教孩子学习古诗，那么他们很快就能熟读成诵，接着会产生很大兴趣。

台湾地区的王财贵博士，是一位孜孜不倦的中国传统文化的传播者。1994年在台湾地区发起"儿童诵读经典"教育运动，之后在台湾地区、美国、东南亚和大陆演讲1 000多场次，掀起全球华人地区"儿童读经"风潮。

儿童教育专家张媛洁说，3至6岁是培养幼儿良好习惯和学习兴趣的关键时期，目前中国的独生子女普遍存在着缺乏爱心、不尊敬长辈、蛮横与自私、合作与分享能力差等问题，因此她主张孩子从小接受传统文化教育，认为国学和传统文化教育在从幼儿园开始的基础教育中就应占有相当的内容，因为传统文化经典中蕴含了许多"热爱学习、尊老爱幼和诚实守信"等思想精粹和美德，值得继承和发扬，孩子应该及早熏陶和浸润这种本土文化的独特魅力。

还有其他一些办学思想先进的学校，也一直在践行国学教育。

例如，清华大学附中从2000年开始和其他四所中学一起进行"国学教育"教改实验，高一就选用周正逵编写的文言读本，背诵的内容所占的分量很大，学生不习惯，教学难度也大，所以到2006年，其他几所学校都退出了，只有清华大学附中坚持了下来。但这种类似强制性的国学教育，却给学生的语文学习带来了极大的帮助，学生考试成绩好了，作文竞赛水平也高了，外化的衡量标准明显上升。而这一切成绩的取得，又都得益于他们对文言文的背诵和学习。

又如，以"教孩子3年，想孩子30年"为校训的河北承德市围场县四合永镇广字村天卉中学，因"大单元教学和国学教育"形成特色，被评为2013年第二届全国最具特色中学之一。

由此看来，提倡中小学实施国学教育，表面上看好像对高考、中考等考试没有多大作用，甚至会有很多人觉得搞国学教育直接影响了高考和中考，所以迟疑，甚至反对，不落实。但实际上，搞好国学教育，也就是在搞好高考和中考，甚至可以搞好整个中学教育。

特色校例 三

南宁市三十三中——倡导与实施"感恩教育"

南宁市三十三中根据市教育局《关于深入开展"感恩教育"主题教育系列活动的通知》要求，扎实认真做好主题系列活动实施工作，通过多种形式的教育和引导，丰富学生感恩实践活动，促进校园感恩文化建设，增强感恩教育活动实效。具体做法有如下几个方面：

第一，积极构建体系和整合资源，使感恩教育成为"日行一善"实践活动的主要内容。学校在 30 多年的办学过程中，根据不同时期的办学条件、学生来源和社会背景，不断调整德育工作的重点和难点，有针对性地开展教育活动。在"知识改变命运"的时代突出"立志教育"；在"习惯影响未来"的育人观的引导下突出"养成教育"；在独生子女娇生惯养、严重以自我为中心的家庭结构变化的社会条件下，提出"善行奠基人生"的育人基点，突出"善行教育"，逐渐形成"善雅志"的特色德育体系。并在这一体系中，强调"善为根本"，将感恩教育作为核心教育，促使学生"成人"，形成校园的"善文化"；强调"雅为风骨"，将习惯养成与文明礼仪教育作为核心教育，促使学生"成才"，形成校园的"雅文化"；强调"志为魂魄"，将理想与责任教育作为核心教育，促使学生"成功"，形成校园的"励志文化"。在以感恩教育作为善行教育核心工作的德育主体建构过程中，学校根据广西十大感恩教育主题实践活动的开展要求，并结合师生实情，重点开展"感恩生命、同伴、父母、老师、社会和祖国"六个实践活动。

第二，大力宣传和广泛动员，努力创设浓厚的校园感恩教育氛围。一是在开学典礼上开展以"日行一善——彰显人性之美"为主题的实践活动，让优秀师生发言演讲，展示从善的人性之美和感恩的力量之源，让榜样释放强大的正能量。二是充分利用国旗下讲话，强化感恩教育活动。根据"感恩教育"主题实践活动具体安排，每两周安排一个感恩教育内容，由学校领导、学生、家长、教师代表等分别作国旗下讲话，为每个具体感恩活动做好实践前的引导与宣传，提高感恩教育活动开展的有序性和有效性。如 3 月周一国旗下感恩教育讲话主题为"孝敬父母，心存感恩""因为有你，所以幸福"，4 月主题为"和谐共处，争创文明""感恩生命，历练意志"，5 月主题为"志存高远，规划人生""关爱心灵，拥抱阳光"，6 月主题为"立志成才，报效祖国""知恩于心，责任于行"等。三是充分利用板报，宣传感恩教育活动。在宣传发动阶段，利用校园宣传栏和教室后面的黑板，大力宣传"六个感恩教育实践活动"，并举行以"感恩·爱校"为主题的手抄报和拍拍看比赛，让"感恩教育活动"知恩于心，感恩于行，达到入眼、入脑、入心的效果。四是充分利用主题班会，增强学生感恩意识。通过主题班会活动，培养学生动手、动脑及演讲、写作、表演等多方面的能力，牢固树立感恩意识。五是充分利用广播网站，宣扬感恩教育的典范。在学校广播站和网站开设感恩活动专栏，及时报道教育活动过程中的先进事迹和榜样典范。

第三，精心设计和认真组织，扎实有序地开展"感恩教育"系列活动。将日常德育活动进行块状分解，经过顶层设计，统一规划布置，同步进行推广，逐步建立起"点线面"结合的感恩教育体系，实现感恩教育效果的最大化。如"感恩生命"，活动目的是"敬畏生命，学会呵护"，活动载体是安全教育、应急体验、防艾教育、防毒教育、情绪管理、徒步拉练、法制课堂、心理辅导等；"感恩同伴"，活动目的是"尊重他人，学会共处"，活动载体是自主管理、责任教育、徒步拉练、"洒扫应对"活动、"互帮互学"活动等；"感恩父母"，活动目的是"尊重父母，学会孝敬"，活动载体是节日问候主题活动（父亲节、母亲节、三八妇女节、重阳节）、家务体验活动、成人宣誓活动、道德讲堂、理性生日活动等；"感恩老师"，活动目的是"尊重老师，学会守纪"，活动载体是尊师活动月、行为规范活动月、"我最喜爱老师"评选、毕业典礼、成人宣誓活动等；"感恩社会"，活动目的是"服务社会，学会包容"，活动载体是卫生教育、爱护公物教育、志愿服务活动、社会实践活动、网络舆论教育、节能减排教育等；"感恩祖国"，活动目的是"立志成才，学会奉献"，活动载体是红歌比赛活动、经典诵读活动、"我们的节日"活动、课余党校学习等。

第四，建立机制和研究校本，将感恩教育效果推向高潮。一是把感恩教育和基础道德教育结合起来；二是把感恩教育和学科课堂教学结合起来，充分挖掘教材中感恩教育的内容，并不断加以渗透；三是把学校教育和家庭、社区教育结合起来，建立学校、家庭、社区"三位一体"的感恩教育实施网络；四是把感恩教育和课题、校本研究结合起来，对感恩教育中的特色活动、主题班会和典型范例进行完善，形成校本德育，将感恩教育中发现的问题进行梳理，确立研究课题。南宁市三十三中的"感恩教育"主题系列活动取得显著成效，而学校会继续保持感恩教育的常态化和制度化，确保感恩教育活动形成长效机制。①

感恩教育是进入 21 世纪以来全国许多学校为推进素质教育而探索的一个重要课题，因此感恩教育活动在各地的中学都得到广泛的开展。

例如，据不完全统计，2006 年 3 月 13 日，针对学生中普遍存在的"以我为中心、只知汲取、不知回报、对人不感恩、对事不关心、对己不负责"的现象，西安汇知中学开展以了解和感谢父母为主题的"感恩教育"系列活动，专程聘请妇幼保健专家在启动仪式上为学生讲述"关于生命孕育的历程"，并让家长、学生代表分别发言，以互动形式，发掘德育教育切入点，引导学生体会父母的付出，对父母心存感恩。接着，学校还陆续推出缅怀革命英烈、珍惜美好生活、国庆歌颂祖国等系列活动。同年 4 月 7 日，山东无棣县制订《中小学感恩教育活动方案》，召开专门会议，全面开展中小学"感恩教育"系列活动，组织学生写"亲情作文"，为父母过生日、制作礼物、洗脚、计算父母花在自己身上的投资等活动，举行"人生路上的领路人——感谢您，老师"演讲比赛及"师恩难忘，师情永存"主题征文活动，组织"牵手同学，共同进步"主题作文、演讲比赛及帮助困难同学、为帮助过自己的人写感谢信等活动，组织清明扫墓、阅读英雄人物书籍、观看爱国主义教育影片，播放《烛光里的妈妈》《常回家看看》《爱的奉献》等歌曲，教会学生人人会唱"感恩歌"，从而教育学生感谢父母养育之恩，感激老师教诲之恩，感谢他人相助之恩，感激先烈创造幸福生活之恩，常怀感恩之心。

2007 年，上海七宝中学以"全面发展，人文见长"为办学理念，积极探索人文教育规律及如何运用人文教育提高德育的时效性，将作为学校人文教育核心组成部分的感恩教育发展成相对独立的德育体系和具有特色的校园文化，仇忠海将该校的感恩教育实践活动编写成书，书里包括"首届'感恩节'活动方案：感谢太阳，学做月亮——'走近经典，体验感恩'主题系列活动。感恩主题系列活动方案包括'感谢太阳，学做月亮'主题会演掠影，在感恩中成长——学会感恩主题班会之一，体验生活——学会感恩主题班会之二，用'心'体会感恩——学会感恩主题班会之三，我的左手边是你的右手——学会感恩主题班会之四，唤起感恩的善根——学会感恩主题班会之五，爱——学会感恩主题班会之六，阳光照在我的脸上——学会感恩主题班会之七，常怀感激之心——学会感恩主题班会之八，学生说感恩——拥有一颗感恩的心"，分为学会感恩、感恩父母、感恩

---

① 参见《感恩于心，责任于行·打造美丽和谐校园——南宁市第三十三中学"感恩教育"主题实践活动总结》。

老师、感恩社会、感恩大自然等五部分进行详细介绍。

2008 年 10 月 14 日，山东桓台县索镇实验中学邀请专家到校作主题为"爱心做人，奋斗成才"的感恩教育报告，在所开展的活动当中，学生纷纷上台与老师握手、拥抱、鞠躬，以不同方式感恩老师。

2009 年 5 月 28 日，湖北十堰市牛河中学开展全校性感恩教育活动，利用橱窗、广播大力宣传感恩教育，在教室张贴以"孝"为主题的名言警句，举办"感恩"教育演讲比赛，让学生感激父母养育之恩、老师培育之恩、同伴互助之恩和政府"两免一补"政策，通过构建校园感恩文化，使学生学会感恩。同年 11 月，民盟池州市总支和马衙中学联手开展感恩励志教育活动，通过看专题片、演讲、家长会和组织学生开展社会调查等形式进行，活动包括理想教育、感恩教育、诚信教育、劳动教育和挫折教育。活动促进了校风和学风的明显转变，赢得了师生家长和社会的肯定。

2010 年 4 月 12 日，为大力推行素质教育，培养学生知恩感恩思想，安徽宿迁市来龙中学邀请著名心理学教育专家黄东教授到校为学生及家长举办了一场别开生面的"感恩教育"报告会。同年 5 月 29 日，天津静海一中邀请全国著名演说家、心灵成长教育专家彭成到校，举行"不要让爱你的人失望"的感恩教育主题演讲报告会。他从感恩父母、老师、社会、祖国等方面与学生进行互动，引起在场 5 000 多名师生和家长共鸣，拉开学校感恩教育的序幕。

2011 年 9 月 20 日，四川古蔺县永乐中学邀请感恩教育全国讲学团杨晓白老师一行到校开展"感恩教育巡回演讲报告会"，杨老师精彩动情的演讲感动了师生员工，使大家的心灵得到一次彻底的洗礼，深刻体会到要爱祖国、父母、老师、生命，尤其是那些爱上网、调皮、不学习的学生，自觉公开承认自己所犯下的错误。同年 10 月 8 日，北京顺义区龙湾屯镇中学专门在学生中召开一次感恩教育专题报告会，引导学生学会感恩和回报，这次讲座由北京京师鸿儒教育中心主任黄坚教授主讲，以"人生远足，志在千里"为主题，以传统启蒙教材《弟子规》为主线，以感恩教育为目的。会后，学校要求学生给父母写一封信，表达感恩之心，并通过行动回报父母和社会，使自己成为拥有健康人格的人。同年 10 月 12 日，浙江台州临海市杜桥镇学海中学邀请全国感恩教育巡回演讲团的彭成老师来校举办"不要让爱你的人失望"的专场主题演讲报告会，全校师生家长近 3 000 人参加。同年 10 月 31 日，山东曲阜师大附中高二年级举行"感恩教育"活动启动仪式，学生宣读倡议书，相关领导宣读活动方案，要求学生感恩父母，报答养育之恩；感恩老师，报答培育之恩；感恩祖国，报答哺育之恩；感恩社会，懂得知恩图报。同年年底，深圳福永中学落实"全员、全方位、全过程"

的大德育观，将感恩教育作为德育教育切入点，精心打造"感恩校园文化"，开展感恩教育系列活动，鼓励学生以实际行动"感恩祖国、社会、自然、父母、师长"，提高德育实效。同年 12 月 20 日，《中国教育报》以"潮平两岸阔，风正一帆悬——深圳市福永中学创新感恩教育侧记"为题进行专门报道。

2012 年 3 月开始，湖北监利县实验高中开展感恩演讲、发表感恩宣言、争写感恩家书、记述感恩故事等系列活动，培养感恩情结，使学生精神面貌发生巨大变化。同年 3 月 27 日，感恩励志教育青年演说家苏醒为浙江慈溪中学高一学生作题为"为了所有的爱与期待"的专题讲座。在这场以感恩为主的传统德育教育报告会上，他的激情演讲唤醒了很多学生的心，端正了很多学生的生活、学习态度，极大地调动了学生的主观能动性，增强了学校德育工作的实效性。同年 6 月，为广泛推行感恩教育，促进素质教育，"感恩校园万里行"演讲报告团受中国青少年教育活动中心委托，走进延安中小学开展大型素质教育演讲"感恩，我们在行动"主题报告会，由感恩励志教育讲师耿民、石凡在宝塔区三中、宏基学校、实验中学、职业技术学院附中、励博中学等学校主持演讲，教会孩子爱祖国、爱老师、爱父母、爱自己，收到了较好的效果。同年 9 月 27 日，南宁隆安县都结乡初中邀请残疾人激励师黄友到校作感恩励志公益演讲，演讲会以"没有翅膀也要飞翔"为主题，引导学生感恩父母、老师、朋友，激励学生树立自尊、自信、自立、自强的信念，勇于追求梦想，正确面对人生。

2013 年 4 月 14 日，由山东卫视《天下父母》和父母学堂承办的感恩教育大型公益演讲活动在郓城高中隆重举行，该校师生及部分家长共 10 000 多人参加，参会的有郓城县 38 所中学校长和领导嘉宾及国学志愿者等，活动以"立足四德，教育先行"为主线，分亲情教育基地启动仪式和感恩讲座两个环节，山东电视台副总监白杰、父母学堂创始人胡广益等在启动仪式上为"亲情教育基地"揭牌，父母学堂、山东卫视《天下父母》栏目首席讲师叶航驿以"感恩祖国、父母、母校"为主题作感恩讲座。同年 5 月 5 日至 11 日，为弘扬无私母爱，加强学生感恩教育，向桥中学开展"颂无私母爱，扬慈孝之风"主题教育活动周活动，通过校园广播、编排黑板报、开展主题班会和国旗下讲话等途径，引导学生感恩父母、老师和社会，营造知荣辱、懂孝悌的校园文化氛围。同年 9 月 27 日，山东莱芜市陈毅中学邀请中华国学宣讲团专家孙中华老师作题为"励志中国梦·感恩在心中"的大型感恩教育演讲活动，全校 6 000 多名师生和家长共同聆听。报告会围绕"感恩祖国、老师、父母"主题以激情互动方式进行，唤醒学生的感恩之心。同年 11 月，是浙江台州天台县坦头中学传统的感恩活动月，学校社团联合开展"感恩主题征文"和"感恩主题演讲"活动，校党支部着力推行"孝文化"和"国学教育"，11 月 11 日，启动仪式正式开始，社团成员免费参观天台博物馆，使得他们真正领会到了"生活因感恩而精彩，人生因感恩而美丽"的含义。同年 12 月 7 日，彭成感恩教育全国巡回演讲会在江苏江阴暨阳初中隆重举行，彭成作题为"不要让爱你的人失望"的专题演讲，全校师生、家长共 4 000 人聆听这堂生动的感恩教育课。副校长孙志坤致欢迎词，他说感恩教育是学校德育教育主题版块之一，学校要坚持对学生进行感恩教育，培养学生的爱心，激励学生成长。同年 12 月 27 日，四川德阳中江中学邀请中国国学宣讲团到校进行以"励志中国梦·感恩在心中"为主题的大型公益演讲活动，师生员工 6 000 余人参加。

2014 年 3 月 14 日，为引导学生爱祖国、父母、老师、生命，激发学生感恩之情，构建和谐校园，促进学生主动学习，江苏高邮市赞化学校在开学初"常规教育月"活动基础上，开展以"感恩"为主题的教育，邀请爱国演说家、感恩教育品牌创始人、心灵成长教育专家彭成作"不要让爱你的人失望"的主题演讲，并激发 200 多名家长前来参加讲演活动。同年同月同日，河北广平县三中为加强学生德育工作，深入开展爱祖国、爱劳动和爱父母"三爱"教育，组织师生观看由北师大教授、博士生导师于丹主讲的《中小学生感恩教育》专题讲座，并要求以班为单位开展感恩教育主题班会，让学生写专题观后感，在学生中开展给父母倒一杯水、洗一次脚、扫一次地、做一顿饭、洗一次衣服的"五个一"活动，以此教育学生学会感恩。活动对培养学生的孝心、爱心和自立、自强、自信精神起到积极作用。同年 4 月 7 日，浙江德清求是高中邀请校园感恩励志教育演讲团金牌讲师、演说家曾小勇老师到校作感恩教育演讲报告，2 000 多名师生和家长参加，这场心灵对话式的演讲报告会，引导学生学会感谢父母、老师和关爱他人，为学生打开了感恩的心扉。校长张海明希望师生和家长将这份感恩与感动延伸下去，用实际行动诠释生命中爱的意义。同年 4 月 30 日，针对学生中存在的不被感动、不知感恩及任性、冷漠、自私的心理和行为，内蒙古赤峰市敖汉旗新惠中学开展以"心存感恩，成就人生"为主题的感恩教育系列活动，让学生拥有感恩的心，懂得孝敬父母，关心他人，勤奋学习，珍爱自己，珍视生命，创造未来。同年 5 月 28 日，甘肃定西临洮县文峰中学邀请时代感恩励志教育传播中心演讲人杨会斌到校举行主题为"感恩励志"的教育报告会，全校 2 500 多名师生和家长参加。在这场智慧与良知、泪水与激情、感恩与激励的教育演讲中，学生理解到家长、老师的期望与良苦用心，心灵得到洗涤，情感得到升华。同年 5 月 30 日，辽宁北票市高中邀请感恩励志演讲专家张丰到校作主题为"传递感恩·点燃梦想·构建和谐"的大型感恩教育报告，师生和家长共 5 000 余人参加。同年 6 月 18 日，陕西西安中学举行诵读《弟子规》活动，该项活动是西安中学 2012 年感恩教育主题活动"八个一"中重要的环节，旨在通过诵读方式使学生与经典同行、与圣贤结友，感受古代先贤智慧和感恩情怀，培养感恩意识，以良好的标准衡量自身言行，学会理解和包容，正确对待身边的亲人与朋友。同年 9 月 22 日，固安三中召开"传递感恩·点燃梦想"教育大会，邀请"感恩中国万里行"组委会主任、著名感恩教育专家、亲子教育专家史朝华老师到校进行感恩教育专题演讲，近 1 500 名师生和家长参与，演讲老师以深情的讲演引领学生经历一次心灵的净化和生命的洗礼，使他们真正体会到父母和老师的艰辛，感受到幸福生活的来之不易，学会以行动报答父母、老师和社会，与爱同行，与快乐为伴，走向成功。同年 9 月 24 日，西安高新一中邀请感恩教育家一横老师到校开展感恩教育演讲活动，此次巡回演讲的主题是"学会感恩，与爱同行"，一横老师激情昂扬的演讲风格，使在场学生的心灵受到强烈的震撼和洗礼，学生在互动交流中表示要用行动回报父母的养育之恩，老师的培养之恩，回报社会和祖国。同年 10 月 6 日，由中国感恩教育组委会、北京感恩教育网、全国德育创新研究会发起的"感恩中国，感恩教育"巡回报告活动走进河北涿鹿希望中学，感恩教育专家、亲子教育培训师史朝华作题为"传递感恩，点燃梦想，构建和谐"的专题演讲，师生和家长共同参与，活动使学生心灵得到洗涤，情感得到升华。同年 10 月 14 日，山东青岛即墨市 28 中开展"让世界充满爱"的新生感恩主题教育活动，活动首席讲师李志刚校长通过电视发表讲话，并发出观看红色演讲家邹越《让世界充满爱》演讲视频的倡议，师生和家长在爱祖国、老师、父母、同学、自己的教育内容中和在唱国歌、鞠躬、拥抱等互动环节中感受深刻，激动流泪。会后学校还专门布置"为父母亲人洗一次脚"的活动，让学生把对父母的感恩之心化为实际行动。同年 10 月 27 日，江苏南京溧水区晶桥中学举行全校师生、家长共同参与的大型"感恩励志教育"活动，邀请感恩教育全国宣讲团成员关怀老师作题为"感恩于心，付诸与行"的讲座，她以激昂的演讲、感人的事例和个人的魅力打动了师生及家长，使大家明白感恩是一种传统美德，一种处世哲学，一种个人对自己和他人及社会关系的正确认识，也是一种责任，一种情感，一种人生境界的体现。同年 11 月 3—19 日，云南昭通大关县和中华国学宣讲团联合为中小学开展"励志中国梦·感恩在心中"的宣讲活动，宣讲从大关一中开始，共 25 场次，都围绕"感恩祖国、老师、父母和自立自强"四大主题并以师生和家长互动方式进行，老师热情的宣讲唤醒了学生的感恩之心，使他们表示要以感恩之心回报祖国、老师、父母，刻苦学习，立志成才。同年 11 月 7 日，南京江宁区秣陵初中邀请感恩励志教育讲师团来校举行"励志中国梦，感恩在心中"大型感恩励志演讲报告会，师生及家长近 1 200 多人参加，讲师团白老师紧扣"感恩"主题进行演讲，这次报告会创新了学校感恩教育的方式，引领孩子们知恩、感恩、报恩。

特色校例 四
山东济南平阴县孝直中学——倡导与实施"孝敬教育"

山东济南平阴县孝直中学坚持以"全面贯彻教育方针，为学生一生发展奠基"为办学理念，以培养学生"健康的体魄、健全的人格、扎实的科学文化基础、突出的个性特长"为目标，走"文化立校、特色立校、质量强校"之路，形成了有个性的德育教育特色和体育发展特色，尤其是以"孝"为特色的德育教育，效果较为显著。而这主要表现在学校能依靠地方特色，创建以"孝"为特色的校园文化。学校地处孝直村，沐浴在一种浓厚的文化氛围之中，因此学校在校园文化建设上，能重点突出传统文化气息，积极构建经典的校园"孝"文化，使学生在学习中能很好地受到传统文化的熏陶。

具体来说，第一，学校能开发利用好校本课程，以校本课程作为载体，积极在课堂上倡导孝文化，推进孝文化的顺利开展，同时安排图书室配置一定的经典读本，让学生在阅读课中阅览更多的文化著作，感受中国"孝"文化的博大魅力。第二，学校充分利用校园的广播室和宣传栏加强孝文化的宣传，如通过广播室广播传统孝德故事，进行经典诵读导读，使"孝"文化渗透到学生的心里，成为一种习惯和自然，从而能摒弃坏的行为习惯。第三，学校加强校园文化环境建设，在校园醒目的位置和楼道墙壁上张贴古代圣贤画像、二十四孝故事及传统经典的孝文化名句。第四，学校能灵活地以活动为载体，有效推动孝心教育的深入开展。例如，各班开展"七个一"活动（即开展一次"孝心教育"主题班会，办一期"孝心教育"的黑板报，开展一次讲"孝亲敬老"的故事会，举行一次"孝心教育"征文比赛，举行一次"孝心教育"演讲比赛，办一期"孝心教育"的手抄报，做一件孝敬父母的事情）；又如，组织学生开展观看孝敬影片，传唱孝敬歌曲等活动；再如为回报父母养育之恩，开展为父母多做事，对父母多说心里话，为父母过生日，为父母揉腰、捶背、洗脚，为父母洗衣服做饭等活动，让学生体会父母的艰辛，从而培养感恩之心；另外还利用重阳节、母亲节、父亲节、春节等传统节日对学生进行专门性的教育，使学生懂得珍惜亲情，学会善待父母，进而将爱心和责任感推及他人和社会。第五，学校还努力做好延伸性的孝心教育活动，引导学生感激老师的教诲之恩，开展尊师教育活动，要求学生讲文明，自觉向老师问好，培养学生敬重师长的感情；在同学间开展爱心互助活动，如开展"同学如手足""手牵手、共同进步"及"为班级为同学做一件有意义的事"等活动，掀起互帮、互助、互学的热潮，增进同学间的友谊。

总之，孝直中学把孝心教育作为学校德育建设的重要内容，并采取多种形式的教育活动，培养学生尊老敬老的优良品质，同时依托孝直村德育教育基地，发挥资源优势，着眼于学校发展，进一步把以"孝心教育"为基础的"五心"教育作为学校特色发展的一项重要内容，并紧紧围绕这些内容，扎实开展各项活动，有力地推动了学校内涵式建设的发展，成效显著。①

特色校例 五
黑龙江鸡西市十九中——倡导与实施"道德情感教育"

黑龙江鸡西市十九中是 1970 年创办的一所市级公办重点完全中学，学校遵循以基础教育为主、培养创新型学生、发展学生特长的办学宗旨，坚持"育人是根本，质量是生命，校风是灵魂，教学是中心，教师是关键"的办学思路，确立"基础教育为主，培养创新学生，发展学生特长，创办特色学校，争创一流业绩，创办示范初中"的办学方向，明确"以学生发展为本，最大限度地挖掘学生的潜能，培养适应未来社会发展需要的人才"的培养目标，围绕"实现学校特色发展"的主题，把德育工作有机渗透到教育教学的各个环节，优化德育形式，形成"全员参与，全程重视，全面育人"的管理格局和以"渗透为主""活动为主""学生为主"的德育特色。尤其 2008 年聂秀娟接任校长，提出"特色办学成就每个学生的本色人生"的教育目标之后，学校就搭建起了特色发展的框架，并经过几年的探索和实践，逐步打造出了德育和艺体两大特色。特别是在德育工作中，学校能充分发掘教育资源，积极开发适合学生发展的德育课程，形成多元德育课程体系，全面为学生"正心、壮志、强能"。而其中的情感教育课，是德育课程体系中最具代表性的课程，也是做得最成功的课程。其具体的做法是：

第一，每两周开设一堂情感体验课，强化学生道德情感的培养。情感体验课程内容分为学会交往、学会规划、学会感恩、学会自信、学会适应、学会自强、学会自律、学会自立 8 个模块，每个模块下设 10 个教育主题，通过系列化的教育内容，使学生树立正确的世界观和人生观。在情感体验课中，构建"参与—体验—交流—分享"的"四环式"活动课模式，积极创设浸润、融合、和谐、开放的课堂氛围，教师在课上抛开传统的"说教式"育人方式，不把要求和规则

① 参见 2011 年 12 月平阳县考直中学《立足学校实际·发挥学校优势·凸显学校特色——特色学校建设汇报材料》。

强加于学生，而是采用"走出去、请进来、查一查、演一演、谈一谈、议一议、看一看、做一做"的形式，重视创设情景，营造情境，将音乐、视频、情景剧、角色互换等引入情感课，通过说、唱、画、做、争辩、小组讨论、全班交流等方式，让学生进行积极的心理体验，使学生在参与体验的过程中有所思、有所悟，积累对生活和行为的理解，从而促进良好道德行为习惯的养成，提升道德情感的智慧。同时在具体实践中，重视"体验式"课程的落实，创新课程设计，构建课程共同体，每次设定一个主备教师，然后大家进行互动研讨，尝试让学生参与活动课的设计与组织，邀请心理学、德育专家来校讲学，进行高层次引领，提升全校教师对体验式课程的理解和认识，并开展优质情感课评选活动，实施典型带动，打造高效课堂。

第二，每周开设一堂行为训练课，关注学生道德行为的变化，让学生将情感内化为行动。首先围绕鼓励欣赏策略、民主管理策略、情感沟通策略、自我管理策略等"八大主题"，采用开放式、对话式的培训模式，开展对班主任的专题培训。其次通过每周一节文明礼仪训练课，规范学生的坐立行走和待人接物等行为，纠正说脏话粗话、大声喧哗、奔跑打闹等不良行为习惯；通过每周一节的生活自理能力训练课，启动每天都要完成一项生活能力方面的项目，填写活动完成确认表，教会学生洗衣服、整理床铺、打扫房间等生活技能；通过每两周一节的厨艺培训课，练就学生高品质的生活能力，启动每周末为爸爸妈妈做一顿晚餐的活动，亲身体验从购买蔬菜、制作菜谱和操作流程、填写实践报告单等环节，使学生提升生存本领；通过举办一年一次的大型美食节，让学生完成班级菜谱征集、菜质品评、实践报告评比等，形成独立的实践能力；通过落实教育部门下发的养成教育实施方案，开展"好习惯示范生和好习惯标兵班"创建活动，评选"百名好习惯示范生"和"十个好习惯标兵班"，发挥引领示范作用。

第三，每天开设一堂自我管理课，注重道德行为能力的养成。学校把学生自己能做的事情，全部交给学生自己组织管理，推行"班级事务学生承包责任制、日常管理班级轮流值周制、学生活动学生会统揽制"的"三制"管理，推行使用"365天学生自我管理手册"，每天早上通过清晨励语、导行阅读、分享交流、填写自我管理日志、大组会等课程形式，提高学生自我认识、自我管理的能力。自我管理课从生活细节入手，变高、大、空的道德目标为近、小、实的生活德育，保持德育中养成教育的常态化。

第四，每两周开设一堂家长培训课，注重道德的育人智慧。通过每月一堂家长培训课，提升家长对孩子教育的认识，指导家长掌握家庭教育的方法和技巧，保持与学校教育的一致性，同时每月下发家庭教育主题和主要任务，如指导家长每日三问、说（写）一句鼓励的话、做一件感动的事等，使家长成为孩子正能量的支持者。

第五，每月开设一堂拓展训练课，强化学生的团队意识。为使学生形成良好的组织、沟通、合作、交流能力，学校创设"150、无敌风火轮、穿越死亡线"等50多个拓展活动，让学生在训练中感受团队的力量。鸡西市十九中营造一流的育人环境，培养出大批具有"创新、创造、创业"精神的复合型人才，真正实现"成就每个学生的本色人生"的教育理想。因此学校先后获得"全国创新教育试点校""全国特色学校创建示范基地""黑龙江省三育人先进集体""黑龙江省德育先进学校""黑龙江省艺术体育基点校"等诸多荣誉称号。①

特色校例 六

浙江金华市磐安中学——倡导与实施"尚美教育"

浙江金华市磐安中学近年进行省一级特色普通高中的创建活动，而"尚美教育"是其确立的办学特色。"尚美教育"以优美环境为依托，以传统美德为先导，以课程优化为载体，以学科渗透为渠道，以审美熏陶为手段，以"立德·启智·尚美"为校训，以"为学生的人生幸福做准备，为人类的共同福祉作贡献"为办学理念，以"培养'淳美、智慧、坚毅、博雅'的现代公民"为育人目标，以"以美立德、以美启智、以美增艺、以美健体、以美怡情"为五种手段，以"人本化、校本化、课程化、制度化、活动化、生活化"为六大推进策略，使学生学会发现、体验、表现、创造美，培养学生的品行、智慧、体魄、艺术美，促进学生全面发展，全面构建"尚美教育"行动体系。2014年12月上旬，学校的课题"'尚德笃行，博雅淳美'——普通高中'尚美教育'行动研究"荣获省教育协会创新教育研究会创新教育成果一等奖。

辽宁大连第八十中学、桂林孔子学院大成学校、南宁市三十三中、山东济南平阴县孝直中学、黑龙江鸡西市十九中和浙江金华磐安中学，是在德育主体建构过程中，大力倡导与努力实施生命教育、国学教育、感恩教育、孝敬教育、道德情感教育和尚美教育，从而实现特色化建设模型的学校。目前，我国各地的中学根据自身条件和状况的不同所开展的德育教育，类型较多，除了上述六种典型类型之外，还有责任教育、爱国教育、环境教育等，而且一所学校，根据校情需要，还可能会选取两种或两种以上德育教育类型，对学生进行强化教育和正确引

---

① 卢德彬. 特色办学：成就每个学生的本色人生——鸡西市第十九中学特色办学纪实[N]. 中国教育报，2013－09－23（12）.

导，从而形成多元德育特色。但不管是几种，都属于德育特色化的建设模型和类型。

第四节　民族特色建模

广西融水县民族中学——民族特色化教育的实践探索

广西融水县民族中学是广西最早创立的民族中学之一，多年来以办好民族特色学校为指导思想，经过长期探索和实践，在整体性发展和推进民族特色教育方面取得显著成效和可喜成绩，形成了独具一格的民族文化教育特色，被誉为"苗山人才的摇篮"。融水民族中学的民族特色化教育建设主要表现为如下几个方面：

第一，统一办学思想，强化办学理念。学校充分利用自身的地缘等优势，将苗族文化引进校园，使创建民族特色学校成为历任校长共同的办学目标。而为统一思想和行动，学校注重组织教师学习理论，让教师了解和认识创建与发展民族文化教育是实现素质教育的一条重要途径，同时学校还以研讨会、职代会等方式组织教师民主制定发展规划，确立以民族特色教育作为学校发展的主要目标。此外，学校还不断通过宣传、沟通和分享等形式，在师生中强化民族特色教育意识，引领师生去追求和实现这一共同愿景。

第二，努力打造民族师资队伍，壮大民族教育师资力量。学校在确立发展民族特色教育的目标之后，就不断加强民族文化教育特长师资的建设，引进大批民族舞蹈、民族乐器和民族刺绣等方面的优秀教师，并聘请一批苗族民间老艺人作为老师们的师傅，通过沟通交流等方式传授经验，使老师们的技艺更加精湛，更富有民族特色。目前学校已建成一支学有专长的能承担民族文化教育的专兼职教师队伍，保证民族文化传承的质量和"原汁原味"。

第三，以民族文化为主题，打造民族特色的育人环境。学校深知做教育就是要做环境的道理和规律，因此在硬件设施建设上，努力打造具有民族特色的育人环境，以民族特色的标志性建筑，以富有民族特色的校园，唤醒师生的民族意识。学校的大门具有浓郁的苗家风情，而教学楼、实验楼、学生宿舍楼均仿造桂北山区的苗、瑶、侗等少数民族所喜居的吊脚楼风格来设计建造。在学校中心地带，建有苗族首领"苗王"亲自选址奠基的芦笙柱，供重大节庆活动之用。学校校徽设计得也很独特，外观的造型是圆形，象征民族和谐，而圆形里的标志性图案由两把精致的芦笙构成，富有民族特色。2011年秋季，学校还建设独具苗家特色的学生食堂和学生公寓楼，以及展现苗族图腾与历史的千米民族风俗墙，这些建筑大大提升了学校民族建筑风格的深度与厚度。

第四，在课堂教学中渗透民族文化教育，探索民族特色化教育方法。为加强民族文化教育，学校善于将学科教学和民族文化资源进行整合，把民族文化教育渗透到各门学科的课堂教学中。如在教语文课时，结合神话故事、寓言古诗等，有机渗透民族精神品质教育；教历史课时，结合民族发展史，使学生了解本民族地区的地理概貌、民族成分、民族来源、风土人情等，唤醒学生的民族归属感；上艺术课时，充分挖掘民间工艺与民间歌舞，给学生传授民族刺绣、手工制作、芦笙吹奏、苗歌演唱、民族舞蹈等民族艺术；上体育课时，把民族传统游戏和体育运动项目结合起来，体现体育运动的趣味性和民族性。在学科课堂教学中渗透民族文化教育，能较好地提高学生理解本民族文化的自觉意识，不仅让他们形成对民族文化的认同感，而且也提高他们对民族文化的鉴赏能力与审美意识。除此之外，学校还根据少数民族学生勤奋但缺乏科学学习方法等特点，组织骨干教师成立课题组，研究探索出一套适合少数民族学生学习的三基导学法，通过强化自学、解疑和练习三个基本环节，提高学生自学能力。同时还成立"少数民族女童教育实验研究"课题组，对少数民族女童的心理和学习方法进行深入研究与辅导，并用传统女性的美德教育她们，激励她们争当时代新女性，最终使得她们当中涌现出了全国第一个红瑶女军人，第一个红瑶女教师，第一个红瑶女医生和第一个红瑶女国家公务员等。

第五，开展民族传统活动，创建民族特色项目。学校在长期发展过程中，能根据民族传统活动对学生群体发展和个体成长具有重要推动作用等特点，深入研究民族传统活动项目，并有选择性地加以开发，形成"芦笙与民族舞蹈表演""苗歌演唱""苗族刺绣制作"三大民族特色活动项目。"芦笙与民族舞蹈表演"项目组成立"芦笙与民族舞蹈教育研究"课题，组织师生收集整理苗寨的芦笙曲和吹奏方法，并据曲目特点创作芦笙舞，如今所形成的芦笙迎宾曲、芦笙小曲、芦笙踩堂曲和芦笙舞，已编成校本课程。学校芦笙队每逢重大民族节庆活动，就绕着芦笙柱吹奏芦笙和跳踩堂舞等，也曾以芦笙曲和芦笙舞迎接外宾和国家领导人，同时还代表县参加"六省七方经贸洽谈会"开幕式表演活动，而且每逢春节还随县芦笙协会到村寨举行联谊活动，增进民族团结。"苗歌演唱"项目组聘请民间专业艺人给学生讲授苗歌的基本演唱技法特征和风格特色，并结合时代特点创作适合现代民族学生演唱的苗歌，编成校本教材。"苗族刺绣制作"项目组根据苗族刺绣图案精美、民族文化内涵丰富、技法多样、艺术表现力强等特点，鼓励少数民族女童学习和掌握这门手工艺术，经指导，这些女童的刺绣作品被赠送给外国友好人士，并深受好评。除创建三大民族特色活动项目之外，学校还引进竹竿舞、滚铁环和踩高跷等多项民族传统活动项目，丰富学生课外活动内容，增强学生民族文化认同感。融水县民族中学在整体性建构民族特色学校的过程中，走出了坚实的一步，相信学校在今后的发展中，会将民族特色化教育与现代教育融合得更好。①

内蒙古包头市蒙古族学校——创建民族教育品牌之路

内蒙古包头市蒙古族学校是一所具有浓郁的民族特色的学校。其民族特色化建设表现在以下几个方面：

第一，倡导"融和"理念，引领学校发展。学校经过长期摸索尝试和学习借鉴，寻找到一条以"融和"为核心价值观，统领学校各项工作的"多元聚融·和谐共赢"特色文化建设之路，实施"人本发展、内涵发展、创新发展、特色发展、文化发展"五大战略，以铸就民族团结品质和学校发展之魂。

第二，彰显民族文化，凸显民族色彩。学校的每栋建筑都装饰着蒙古族特有的、蓝白相间的吉祥图案；墙壁上到处张贴着用蒙、汉两种文字书写的格言；教学区外墙上有一幅蒙古族古代女思想家阿兰折箭教子故事的浮雕；教学楼道中展示以鹰马精神和草原游牧文化等为主题的蒙古族传统文化内容；校内设有蒙古族民俗文化厅，里面有蒙古包、马鞍、饮奶茶的专用茶壶等，让学生在这里上手工劳技课，了解蒙古族传统的民族体育项目和饮食习惯，欣赏民族服饰等。彰显民族文化，凸显民族色彩，使学校在外观上成为一所民族特色突出、民族色彩浓郁的学校。

第三，组建校园文化社团，促进"融和"理念的发展。学校通过校园文化社团建设，创设丰富多彩的活动，为各民族学生提供互相了解、互相融和的沟通交流平台，以此促进"融和"理念的深入发展。如学校的"苏龙嘎合唱团"由60 名成员组成，其中有许多汉族学生，每次排练时大家用汉语拼音标注发音，而演出时都用蒙语演唱蒙古族歌曲；"七母音"马头琴乐队由蒙、汉等民族的学生组成，多次在自治区和包头市的各项演出活动中获奖，并曾赴中央电视台参加演出；"艾之慕舞蹈队"以蒙古舞为主，但蒙、汉学生都有参加；"屋竹阁美术小组"分为绘画和蒙语书法两部分；"小骏马广播站"有 23 名蒙、汉等民族的学生，这些学生成员每天用蒙语、汉语和英语三种语言广播；校刊《倾听花开的

① 首迎东. 民族文化进校园　特色发展育新人：柳州市融水苗族自治县民族中学建设民族特色学校纪实 [J]. 广西教育，2012（16）：14－15.

声音》用蒙、汉、英三种文字编辑，在引领学生读书、欣赏、表达的同时，也加强了学生的民族文化认同感。而每逢各种大型活动，学校则组织全员参与，并用蒙、汉两种语言主持，使各民族领导和师生感觉亲如一家。学校以文化社团拉动各项活动，的确有效促进了"融和"理念的深入发展。

第四，科学合理设置课程，促进民族文化教育。学校根据自身的实际，在教育结构上设置有专门针对蒙古族学生的蒙语授课部，有蒙、汉学生一起学习的汉语授课部，还有专门招收蒙古国留学生的国际部。为对学生进行蒙、汉两个民族文化的教育，蒙语授课部每周要开设一节蒙古传统文化教育课，让学生了解蒙古族的打招呼、奶食品、乐器、游牧文化等情况，进而了解蒙古族古老的传统文化；汉语授课部开设"学说蒙古语"校本课程，让学生学习蒙古族的常用语，感受蒙古语言的优美。汉语授课部同时还开设中华传统文化课程。

第五，以"融和"为理念，建设教师队伍。学校强调以校为本的教师发展，鼓励在融和的基础上有不同的思维与思想，以此构建自主参与及合作互助式校本教学研究模式。其中的团队学习是以"融和"为理念形成的教师学习的品牌活动，所谓的团队学习就是以教研组为单位，分教学论坛、师德漫话、时事政治和艺术鉴赏四个板块，每次团队学习都由一个教研组承担。在团队学习中，教师们可听到一些最新的课件制作技术，最新的教学发现及感悟，最新的国内外热点、焦点及许多育人技巧与感人故事等情况叙述。教师们除了在团队中互相学习外，还通过平时的教研和赛课等活动互学互助，最终形成一种互尊互信、共谋共享的有效机制，使教师们产生精神认同感及归属感。包头市蒙古族学校以得天独厚的民族教育资源优势和"融和"的核心价值理念，创建民族教育品牌，浇灌民族教育之花，不断显示出自身独特的个性魅力。①

广西融水县民族中学和内蒙古包头市蒙古族学校是努力继承和大力发展民族传统文化教育而实现特色化建设模型的学校。而除上述的两校外，还有西藏内地班（校）、新疆内地班（校）和四川安居育才中学等，也是能自觉而有意识地继承和发展民族文化教育的学校，民族特色教育较浓厚，属于民族特色化教育的建设模型。

---

① 李丽."融·和"理念浇艳民族教育之花——记内蒙古包头市蒙古族学校创建民族教育品牌之路［N］.中国教育报，2013-12-01（11）.

第五节　地域特色建模

广西防城港市东兴中学——坚持发展边海地域人文教育特色

防城港市东兴中学是 1938 年创建的一所老学校，现校址由老一辈无产阶级革命家、时任广东省省委书记陶铸选定。学校历经 70 多年的发展，积淀了较为深厚的人文历史底蕴。学校坐落于十万大山南麓，中越界河北仑河畔，和越南最大的特区芒街市隔河相对，属于边境靠海的中学，地理位置十分独特。学校充分利用自身所处的这一独特的地理位置，有针对性地进行发展，建设具有地域文化教育特色的学校。这主要表现在：

第一，因学校处于边境，所以明确以"进德修业，立塞兴边"为校训，以"发展边海人文教育，培育国门特色人才"为办学理念，以"关注全体、关注个性、关注过程、关注终身、关注发展"为教育理念，以提高教育教学质量为中心，全面育人。尤其重视对学生进行国防教育，经常与驻军联谊，组织"走海疆、护界碑"等活动，增强学生的爱国情感。

第二，因学校处于近海，而且当地是我国人口较少的民族京族的唯一聚居地，所以学校一方面非常注重教学创新，重视发掘和传承京族文化，组织成立独弦琴艺术兴趣小组，编导表演京族舞蹈，进行竹竿舞教学，编写校本教材《京族——中国唯一放牧海洋的少数民族》，精心培育京族学生，将京族艺术人才的培养作为学校独特的教育活动，凸显少数民族教育特色；另一方面充分利用近海优势，发展文体教育，培养文体人才，培育出国家级水球裁判邓军和残奥会蝶泳银牌获得者毛其文等文体精英。因学校能立足本地，根据自身处于边海的地理状况，进行学校建设，发展学校教育，地域特色鲜明，所以历年来都得到各级领导的关怀和指导。全国政协副主席张思卿、原教育部部长陈至立、原广西党委书记曹伯纯、原广西教育厅厅长余益中等领导先后亲临学校视察指导工作。学校先后获得"全国教育科学'十一五'规划教育部重点课题实验学校""广西校本教研先进单位""德育工作先进集体""2006 年至 2007 年度全区学生军训工作先进单位""国防教育先进单位"等荣誉称号。2011 年被评为广西示范性普通高中，2013 年被定为广西特色高中试点建设学校。而随着时代的进步和社会的发展，东兴中学会把学校建设成具有边海地域教育特色的示范性高中，成为底蕴深厚、特色鲜明、质量高标的南国边陲名校。①

福建师大二附中——坚持发展地方船政文化教育特色

福建师大二附中坐落于福州市马尾区,是该区政府和福建师大于 1997 年联合创办的一所公立省级重点中学。学校以"成才报国"为校训,以"以德立校、以人为本、以质为先、全面发展、民主办学"为办学理念,以"办学条件标准高、教师队伍素质高、育人环境品位高、管理规范档次高、全面发展质量高"为办学目标,并充分利用马尾船政这一优秀的区位文化优势,努力打造教育特色品牌,将学校办成具有鲜明的地方船政文化教育特色的名校。具体来说,表现为如下几个方面:

第一,以"弘扬船政精神,立志成才报国"作为校园文化的核心理念。马尾船政作为中华民族在鸦片战争之后奋起图强的一次重大实践,它拉开了我国近代工业和科技发展的序幕,在新式教育、科技引进、制造工业、海军建设、抵抗侵略和中西文化交流等方面留下许多值得珍视的历史印迹,并且其中体现出的发奋图强的爱国主义精神和海纳百川的学习创新精神,更是弥足珍贵的精神财富。而学校多年来都以弘扬我国船政文化为主线,充分发挥"中国船政文化"的丰富教育资源,利用船政精神的德育价值,强化船政文化的德育功能,努力学习其中的爱国自强精神,"师夷长技以制夷"的学习精神和"物竞天择、适者生存"的竞争精神,促进教育教学工作的开展,拓宽爱国主义教育途径,凸显学校鲜明的办学特色。

第二,构筑船政文化特色环境,积极营造爱国主义教育氛围。马尾作为我国船政文化的发祥地和近代海军的摇篮,它展现的是我国近代先进科技、高等教育、工业制造、西方经典文化翻译传播等方面丰硕的成果,孕育的是诸多的仁人志士,体现出我们中华民族特有的励志进取、虚心好学、博采众长、勇于创新、忠心报国的传统文化特质。因此学校充分利用船政文化元素,精心构筑特色环境,积极营造爱国主义的育人氛围。在校内悬挂船政名人的匾牌,建造"扬帆远航""百年船政""海纳百川"的雕塑景观和左宗棠、沈葆桢、林则徐、严复、詹天佑、邓世昌六位船政精英的名言雕塑景观;让学生时刻感受浓厚的船政文化气氛。

第三,坚持以船政文化为主题,成立君山文社、扬帆艺术团、跆拳道社、足

---

① 东兴中学［EB/OL］.(2014 - 12 - 22).http://baike.baidu.com/view/4963837.htm.

球协会和船政文化小讲解员等校园文化社团，组织开展各种丰富多彩的校园特色文化活动。比如，每年举办校园科技节、文化艺术节和各类体育比赛活动，充分利用卫生专栏和艺术画廊等各种德育设施定期刊出卫生知识和学生习作，举办船政文化夏令营活动，邀请连江县琯头中学、青芝中学、平潭屿头中学等参加船政夏令营，组织新教师参观学习船政文化等。

第四，联合周边的中国船政文化博物馆和昭忠祠等爱国主义教育基地，结成共建单位，并利用专题讲座和清明祭扫烈士英灵等多种形式的活动激发学生的国家荣誉感和历史责任感。总之，福建师大二附中坚持发展地方船政文化，最终形成了自身的教育特色。①

广西防城港市东兴中学和福建师大二附中是充分挖掘地域文化教育资源而实现特色化建设模型的中学。当然除了这两所学校之外，还有山东济南平阴县孝直中学、上海闵行区第三中学等学校，也是能充分利用地域文化教育资源，从而使学校体现出特色化教育的学校。例如，济南平阴县孝直中学地处孝直村，沐浴在一种浓厚的地方文化氛围之中，因而学校在校园文化建设上，能自觉突出传统文化气息，积极构建经典的校园"孝"文化，使学生在学习中能很好地受到传统文化的熏陶，从而形成具有个性的德育教育特色。又如上海闵行区第三中学，能继承和发展源于江苏昆山的地方戏曲剧种昆曲，使这项濒临绝境的世界非物质文化遗产得以复活和传承，从而体现出学校艺术教育的特色。

第六节　外语特色建模

特色校例一

辽宁阜新市阜蒙县蒙古高中——努力创建外语教学特色学校

辽宁阜新市阜蒙县蒙古高中是1981年被确定为省级重点中学的学校。该校充分调动和发挥省级重点高中的人力、物力优势，积极开展外语特色教学，培养造就更多的优秀人才。这主要表现在：

第一，在外语课程设置上，学校开设英语、日语、俄语三门外语，是阜新市开设语种最多的学校，尤其突出日语教学，使学校成为教育部确定的日语教材改革样本学校。

---

① 福建师大二附中［EB/OL］.（2015 – 07 – 07）. http：//baike. sogou. com/v8411005. htm；福建师范大学第二附属中学［EB/OL］.（2014 – 07 – 19）. http：//baike. baidu. com/view/3324219. htm.

第二，积极开展对外交流活动，进行外语师资交流。2004 年日语教师包华被外交部派驻日本交流工作 1 年，同年 9 月日本友人石田荣子被日本中日友好协会派到学校担任日语外籍教师；2005 年 5 月，日本友人山田真理子被中日友好协会派到学校担任日语外籍教师。

第三，广泛开展外语教学教研活动。学校与日本网走市高等学校结为联谊学校，1987 年程琪同学被选派到网走市高等学校留学 1 年；1998 年赵海英同学参加辽宁中学日语作文竞赛获一等奖；1999 年房凌超同学被选送到日本石川县高等学校短期留学；2002 年海力夫同学被省、市外事部门选送到日本神奈县立保健福祉大学留学；2003 年陶乌云在全国高考中以 135 分的优异成绩获辽宁省日语成绩第一名；2004 年 9 月，白岩等 4 名学生被派往日本群马县伊势崎高等学校进行短期留学；2006 年齐欢以优异成绩考取赴日公派留学资格（在中国、韩国、马来西亚和新加坡四国中仅选 2 名学生）。而韩桂英老师的《探究式日语课堂教学》获国家级优秀论文，田金红老师所承担的"日语教学大纲和教材实验"获国家级优秀成果奖。

第四，培养出大批留学海外的高层次人才。如齐岩鹏 1989 年考入北京大学，现在加拿大进行研究方面的工作；徐朝全 1991 年考入清华大学，后在日本东京大学攻读硕士学位；金显贺 1993 年到美国加州大学攻读博士学位，现为加州大学博士生导师、李政道课题组成员；吴海航 1996 年被推荐到日本新潟大学攻读博士学位，现任北京大学教授等。这些留学海外的高层次人才，他们的外语水平与学校重视并开展的外语教学，自然有着很大的关系。阜蒙县蒙古高中，着力打造外语教学特色，是一所努力创建具有外语教学特色的学校。①

特色校例 二

东北育才学校——强力打造外语教育特色品牌

东北育才学校是 1949 年由老一辈无产阶级革命家张闻天和徐特立等人创建的一所具有光荣革命传统的学校，是辽宁省首批示范性高中，是沈阳市教育局确定的优才教育实验学校。该校以创建世界名校为办学目标，着力打造优才教育和国际教育，走集团运作品牌之路，办学成果相当显著。1985 年，葛朝鼎出任校长时开始实施"优才教育"，并从 1986 年起先后设立超常教育实验班（俗称少儿班）、数学特长班、计算机特长班（已取消）、英语特长班、日语特长班等特

---

① 阜蒙县蒙古族高级中学［EB/OL］.（2011 - 03 - 11）. http：//baike. baidu. com/view/5348000. htm.

色班级，这些班级学生参加国内外竞赛和中考、高考都取得了好成绩，为学校赢得了声誉。1994 年学生参加第六届国际信息学奥赛获金牌，实现辽宁省参加国际奥赛夺牌零的突破。1997 年该校发挥名校办学规模效益，进行优质资源扩张，规模由原有的 1 个校区发展为 6 个校区 10 个办学层次。1999 年该校与日本关西语言学院合办中日友好分校（高中，后更名为东北育才外国语学校），2001 年葛朝鼎被聘为外国语学校校长。2005 年 8 月育才双语学校成立，2008 年育才双语高中正式成立。育才双语高中一直"以学生全面发展为本，追求学生特色培养"为教育理念，并借鉴本校小学部和初中英语特长班多年的办学经验，以优才教育为核心，突出国际化和信息化办学特色，注重培养学生创新意识与全球意识等，着力打造外语教育特色品牌。

而其外语教育特色主要表现在两个方面：一方面是优化课程设置，在保证完成国家规定课程内容的前提下强化国际化办学特色，除英语之外，还增设法语、德语、日语、西班牙语等 4 门课程，让学生作为第二外语进行选修，有意识地培养双外语人才；另一方面是在教学上实现外语教学与学科授课的整合，并且通过外语角和外语文化节等形式多样的活动营造良好的外语学习氛围，使外语学习成为校园生活的重要组成部分，以有效提高学生的读、写、听、说能力。东北育才学校因长期强化外语学习，强力打造外语教育特色，所以学生都能凭借着很好的外语基础，到日本、美国、中国香港、英国等诸多国家和地区留学，在日本的东京大学、早稻田大学、京都大学、大阪大学，美国的耶鲁大学、哈佛大学、加州大学、加州大学伯克利分校、普林斯顿大学、加州理工学院、宾夕法尼亚大学、芝加哥大学，香港中文大学、香港理工大学，英国的剑桥大学、牛津大学等继续学习深造，使外语教学形成了品牌。[①]

辽宁阜新市阜蒙县蒙古高中和东北育才学校是通过强化外语教学打造外语教育品牌来实现特色化建设模型的学校。除以上两校外，还有浙江嘉兴市二十一世纪外国语学校、河北沧州市二中、吉林毓文中学等学校的外语教学也很有特色。像嘉兴市二十一世纪外国语学校，其发展目标是加强和完善外语特色等教育，增强学校核心竞争力。其中外语特色是学校打造核心竞争力的核心要素，列入学校长期发展规划和发展性规划三年目标责任体系之中。因此，学校除完成国家教育行政部门和教学大纲规定的教学任务外，还加强外语教育。学校长期坚持并推行以"语法为纲、交际法与功能法相结合"的先进的外语教学法，强化学生外语

---

① 东北育才双语学校［EB/OL］.（2014 - 11 - 28）. http：//baike. baidu. com/view /6858 07. htm；东北育才学校［EB/OL］.（2015 - 06 - 15）. http：//baike. sogou. com/v122721. htm.

应用能力的培养。学校从美国、加拿大、英国等聘请 4 名外籍教师，专门教授英语口语课，同时与美国、澳大利亚、日本、爱尔兰、俄罗斯等国的 7 所中学建立交流互访关系，定期组团出访，并通过择优办法将学生送到国外留学。学生口语交际能力强，多年来在全国中学生英语能力竞赛中获奖，而学校也荣获特别组织奖，外语学部荣获"嘉兴南湖区优秀教研组"称号。由于学校注重特色外语领导组织机构、课程框架、师资队伍培养和教学目标建设，积极开发校本课程和充分利用外教资源，加强特色综合实践活动展示和校园文化建设，强化对外国际交流和中外合作办学，成果出色，2000 年学校被省政府评为优秀民办学校，2012年 6 月 1 日被市教育局和嘉兴教育学院命名为实验学校。

第三章 我国中学特色学校发展模式的构想

　　我国中学特色学校整体上要选择什么样的模式进行科学发展？这是一个值得认真思考的问题。本章笔者将根据我国中学特色学校的建设发展情况，提出三种发展模式的构想，即公办中学特色学校发展的创新型模式、民办中学特色学校发展的"夏山"模式和民族中学特色学校发展的民族化模式。这三种特色教育发展模式是符合国家民族总体的发展要求的，因此，应是中学特色学校发展的正确方向。

第一节　公办中学特色学校发展的创新型模式

一、创新教育的作用和意义

　　"人没有鹰看得远，但人发明了望远镜，可以看到遥远的星河；人没有翅膀，但发明了飞机，比鸟飞得更高、更快；人没有尖锐的牙齿，但人发明了猎枪，让凶猛的动物乖乖地臣服。是什么给了我们如此的力量？是创新精神，是创造力！"这是徐启建 2010 年 7 月 4 日发表于《中国教育报》上的通讯文章《山东章丘四中探索科技创新教育　培养创新人才》开篇的一段话。这段话无疑高度概括了创新教育的作用和意义。

　　自古以来，我们中国人就是一个好奇心强，想象力和联想力丰富，感悟力、形象思维能力和抽象思维能力强及创造力非凡的黄色人种。

　　我们的祖先，不仅在科学技术方面为人类贡献了指南针、火药、印刷术、造纸术四大发明，还在文学艺术方面为人类奉献了无限的瑰宝。

　　无数事实证明，中国人以好奇心、想象力、联想力、感悟力、形象思维能力和抽象思维能力为基础的创造力是旺盛的，中华民族是具有创造性的民族，是具有创新精神的民族。

但是，1988 年《中国青年报》的《中国人的创造力哪里去了？》一文却写道："中华民族在人类的文明史上曾拥有四大发明的自豪，可是自文艺复兴以来特别是 19 世纪到 20 世纪改变世界的几百个发明者中，没有一个中国人。"特别是近几十年来，我国的创新型人才很稀缺，我国的企业在丧失创新内力，许多产品在行业产业链中处于低端环节，附加值低，利润很少。我国产量位居世界第一的 170 多种品牌产品，没有一种能进入全球最有价值的 100 个名牌产品的排名之列。我国电子电信行业的许多产品，由于不能掌握核心技术，高额专利费使得产品成本大增，所赚的钱少得可怜。我国联想集团所生产的电脑一台也只能赚一把大葱的钱。我国的加工业，产品附加值很低，像售价 9.99 美元的芭比娃娃，加工它的中国企业只得到 0.35 美元；售价 100 美元的耐克鞋，中国企业所获得的加工费也只有 5 美元。我国是每年制造世界上 120 亿双鞋子中的 80 亿双的大国，但所生产的产品都处在该产业链的低端环节，利润少，出口 800 万双鞋子才能换回一架波音 737 飞机。能不可怜吗？[1]

而造成今天这个局面，原因是什么？究其根底，我们不得不承认是教育。

曾连续 15 年参加高考阅卷的北京教育学院宣武分院二部中学教研室主任柯素文说，2000 年的高考语文试卷注重考查考生的语言运用、文学鉴赏和创造能力，像作文，最大限度为考生提供想象和展示个性的空间，但行文中所表现出的思维的雷同和创造意识的萎缩，使最应该有个性的作文也成了"共性"，成了三段论式的"八股文"。诺贝尔奖获得者、清华大学教授杨振宁说，我国到国外学习的学生成绩都非常优秀，可胆子小，老师没讲过没教过的东西，就不敢去想，不敢去做，老师提个问题，所有学生答案都差不多，而外国学生绝不可能，10 个学生会有 20 种甚至更多的答案。美国第 37 任总统尼克松 1972 年访华时曾说，中国教育主要是教孩子服从，不准叛逆，培养的是守业人才，结果失掉了达尔文和爱因斯坦。[2]

这种结果，确实能说明我们的教育是遏制创造力、影响创新型人才培养的真正原因。我们的教育更多地忽视对学生兴趣和创造能力的培养，使学生缺乏创造意识，缺失创新精神，这已是社会有识之士讨论和诟病的焦点。

杨振宁曾说过一句促人清醒的话，我国教育使学生成了死读书的人，他们只习惯接受，不习惯思考，更不敢去怀疑和考证，因此很难培养出有创造性、独立

---

① 舒云. 高考殇 [J]. 北京文学·精彩阅读，2005（10）：6-37.
② 舒云. 高考殇 [J]. 北京文学·精彩阅读，2005（10）：6-37.

见解和开拓能力的人才。

2000 年 6 月，曾有人对河南省的 36 所高校进行调查，1 000 份的问卷中，就有 47.5% 的大学生不知道创新是什么。

2001 年 4 月公布 2000 年全国青少年创造能力培养的社会调查情况，而结果表明，越来越多的中国孩子失去创造发明的兴趣。

另外，教育进展国际评估组织曾对 21 个国家的孩子进行调查，结果发现中国孩子计算能力最强，但是他们为计算能力付出的沉重代价不光是时间，还有一去不复返的创造力，中国孩子的创造力在所有参加调查的国家中排名倒数第五。

我们知道，教育应该是育人的教育，育人的教育应该以人为本，谋求人的全面发展，尤其要最大限度地挖掘人的潜能，如创造力等。但我国的基础教育在"高考棒"的指挥下，都变成了分数教育。这种分数教育就像大工业时代的流水线，学生成为流水线上批量生产的"工业品"，他们千人一面，只会纸上谈兵，而不会实际应用。哈佛大学荣誉校长陆登庭教授说，光有知识是不够的，还要具有好奇心，具有广泛的兴趣，这才是一流的学生所必需的素质。牛津大学校长科林·卢卡斯说，培养人才最重要的是一定要培养独立思考能力，只会机械地把老师所教授的内容记忆下来，不是真正的好学生。中国学生很勤奋、很聪明，也有良好的组织能力，但同时希望要有独立思考的能力，有独到的见解。[1] 这两位国际名牌大学知名校长都强调学生要有广泛的兴趣，要能独立思考，要有创造性，可见，这方面能力的培养何等重要！

而事实上，哈佛大学和牛津大学都是培养创新型人才最成功的学府。据统计，截至 1998 年，哈佛大学有 35 名教师和 38 名毕业生获得了诺贝尔奖；截至 2001 年，牛津大学为英国培养出了 40 名诺贝尔奖获得者和 25 位首相。[2]

我国从 20 世纪 80 年代中期也开始倡导培养创新型人才或创造型人才，政府提出到 2020 年要把我国建设成创新型国家的目标。自倡导以来，也不断有人进行探索和研究，因此有关这方面的理论成果还是相当丰硕的，但实践成果寥寥无几。

自 20 世纪七八十年代以来，中国科学技术大学开办了"少年班"，北京八中开办了"少儿班"，到 21 世纪初，深圳耀华实验学校开办了"华杯赛"少年数学班，这些是以超常教育实验为主的创新教育实践，但毕竟只是少数。

---

① 舒云. 高考殇 [J]. 北京文学·精彩阅读，2005 (10)：6-37.

② 舒云. 高考殇 [J]. 北京文学·精彩阅读，2005 (10)：6-37；刘宝存. 哈佛就是哈佛——哈佛大学办学理念探析 [J]. 教育发展研究，2004 (2)：28-33.

　　山东章丘四中校长刘金水，克服功利思想和短视行为，站在民族未来和学生终身发展的高度来确定学校的教育发展，积极开展创新教育，开设创新课堂，培养专职创新教师，出版专门的创新教材，在学生中掀起一场"头脑风暴"，激发学生的创新潜能，到 2010 年上半年止，先后有 7 000 多名学生参与创新教育，并获得国家知识产权局颁发的专利证书 1 500 多份。2008 年 3 月，中科院的院士和首都师大的王尚志教授等人建立"北京青少年科技创新学院"。但像章丘四中和科技创新学院这样真正重视创新教育的学校，为数不多。①

　　我国的创新教育一直没有多少学校能够从班扩大到校，从点扩大到面。

　　2005 年 3 月 29 日下午，我国科学界泰斗钱学森院士在北京 301 医院作了最后一次系统的谈话。他的谈话涉及的就是创新教育问题，大致内容为：科技创新人才培养问题是国家长远发展的大问题。今天党和国家都很重视科技创新问题，投了钱搞"创新工程""创新计划"等，这是必要的。但更重要的是具有创新思想的人才。中国还没有一所大学能够按照培养科学技术发明创造人才的模式去办学，都是一些人云亦云，一般化的，没有自己独特的创新东西。这是中国当前的一个很大的问题。因此今天我们办学，一定要有科技创新的精神，培养会动脑筋、具有非凡创造能力的人才。科学精神最重要的是创新，大学就是要具有创新的精神。我们国家应该解决这个问题，优秀生就是要创新，没有创新，死记硬背，考试成绩再好也不是优秀生。②

　　而事实上，钱老不光这样说，而且也这样做。20 世纪 60 年代初，他在中国科学技术大学开设了一门"物理力学"新课程，考试时，他关心的不是学生得多少分，而是关心他出的难题有多少学生能解答得出来。

　　2009 年 10 月 29 日，中科院最年长的院士贝时璋与世长辞。但就在去世的前一天，他还召集 6 位研究人员一起讨论创新课题，同时告诉大家："我们要为国

---

　　① 章丘四中刘金水被评为全国教育改革创新杰出校长［N］. 济南日报，2009 - 12 - 25（8）；章丘四中："传奇校长"刘金水的治校关键词［EB/OL］.（2011 - 07 - 26）. http：// blog. sina. com. cn/s/blog_7214d4250100vunl. html；山东省章丘四中校长：素质教育具体尝试分享［EB/OL］.（2009 - 11 - 08）. http：//edu. sina. com. cn/l/2009 - 11 - 08/2241180740. shtml；吴晶，赵仁伟. 章丘四中的创新课程：一所中学的素质教育样本［EB/OL］.（2009 - 12 - 23）. http：// edu. qq. com/a/20101208/000307. htm；山东省章丘市四中探索创新教育纪实［EB/OL］.（2011 - 05 - 12）. http：//www. mzljy. net/html/kcgg/tszs/2011/05/12/277. html；北京青少年科技创新学院［EB/ OL］.（2013 - 11 - 12）. http：//baike. baidu. com/view/3115023. htm.

　　② 钱学森最后的系统谈话：中国大学缺创新精神［EB/OL］.（2013 - 12 - 29）. http：// blog. sina. com. cn/s/blog_514104fc0101d1xx. html；涂元季，顾吉环，李明. 钱学森最后一次系统谈话：大学要有创新精神［J］. 共产党员，2009（4）：54.

家争气!"这话也成了他留给中国科技界最后的遗言。

温家宝总理在 2009 年教师节讲话中谈到"提高教育质量和水平问题"。他说:"教育的根本任务是培养人才,特别是要培养德智体美全面发展的高素质人才。从国内外的比较看,中国培养的学生往往书本知识掌握得很好,但是实践能力和创造精神还比较缺乏。这应该引起我们深入的思考,也就是说我们在过去相当长的一段时间里比较重视认知教育和应试的教学方法,而相对忽视对学生独立思考和创造能力的培养。应该说,我们早就看到了这些问题,并且一直在强调素质教育。但是为什么成效还不够明显?我觉得要培养全面发展的优秀人才,必须树立先进的教育观念,敢于冲破传统观念的束缚,在办学体制、教学内容、教育方法、评价方式等方面进行大胆的探索和改革。我们需要由大批有真知灼见的教育家来办学,这些人应该树立终生办学的志向,不是干一阵子而是干一辈子,任何名利都引诱不了他,把自己完全献身于教育事业。我们正在研究制定的《国家中长期教育改革和发展规划纲要》,就是想通过改革来努力解决教育中存在的问题。"①

温总理、钱老和贝老等的谈话,都涉及我国的创新教育问题,尤其是创新人才教育培养问题。

要搞好创新教育,要培养创新人才,当然就要培养学生以好奇心为主的各种兴趣和以想象力、联想力、感悟力、形象思维能力和抽象思维能力为主的各种创造能力。

而我国的基础教育,在发展过程中,忽视了学生的兴趣和创造能力的培养,一方面,使学校教育形成单一化和功利化的倾向——片面追求分数和升学率,把每个学生训练成考试机器;另一方面,无数的学生在无数次的考试中失利,他们成长当中的潜力被否定,人格受到损害,最终导致学习兴趣和热情大减。这样的教育,是距离创新教育,甚至创新人才培养较远的。

二、公办中学特色学校发展的创新型模式概述

我国公办中学特色学校选择创新型的发展模式,是国家民族和时代社会发展的必然要求。

从我国几十年来的教育发展实际来看,我们所缺乏的是创新教育。而缺乏创新教育所带来的严重后果是可想而知的。因此,党和国家非常重视创新教育,从 20 世纪 80 年代中期开始,就倡导培养创新型人才或创造型人才,提出到 2020 年要把我国建设成创新型国家的目标。2004 年是邓小平同志诞辰 100 周年，其亲属根据他的遗愿捐献出他生前的全部稿费，委托团中央、全国青联、学联、少工委共同组建中国青少年科技创新基金，用于支持青少年科技创新活动，促进青少年科技创新人才培养。1995 年 5 月 26 日，时任国家领导人江泽民在全国科学技术大会上说："创新是一个民族进步的灵魂，是国家兴旺发达的不竭动力。"2004 年 12 月 29 日，时任国家领导人胡锦涛到中科院视察时提出："科技创新能力是一个国家科技事业发展的决定性因素，是国家竞争力的核心，是富国强民的重要基础，是国家安全的重要保证。"2007 年 10 月 15 日至 21 日，在党的十七大会议上，胡锦涛又提出抓紧培养造就创新型科技人才，建立人才资源强国的重要的教育目标。2013 年 11 月 9 日至 12 日召开的党的十八届三中全会提出，深化教育领域综合改革，强化对学生综合素质的评价，增强学生的社会责任感、创新精神与实践能力。习近平总书记多次通过与学生座谈、回信的形式，深刻论述实践在青少年成才成长中的重要作用，指明青少年在实践中成长的途径。这不仅使教育改革有了明确的目标，还为学生健康成长指明了方向。

在党和国家对创新教育进行理论阐述之后，一些相关的教育行政部门也积极通过实践做出了回应。2010 年，中国教育部和乐高签署"技术教育创新人才培养计划"，在全国范围内选择 200 所高中、100 所初中和 100 所小学，利用乐高机器人教具及相关课程开展创新教育合作，创建技术教育创新人才培养示范基地。2013 年 11 月中旬，上海市教委召开中小学实验教学工作会议，宣布该市已建立 500 多个中小学创新实验室，并将继续通过创新实验教学，培育学生的创新素养。像静安区时代中学学生周鑫玥，每周最期盼的是区本课程"做中学"时间，在这种课上，老师通常会派发任务单，实验从设计到完成，全由学生自己负责，而学生在实验中即使出现错误或失败，也觉得很有收获。据吴尚旻老师介绍，"做中学"教材从来没有固定答案，也不要求学生每个实验都有完美结果，而是只想告诉学生，任何想法都有价值，今天的失败至少可以告诉后来者，哪条路走不通。据 2013 年 12 月 30 日的《潍坊日报》报道，山东诸城市青少年科技创新教育实践基地面向全市中小学生开设综合实践课程。社会实践是中学生接触、了解、服务社会的重要途径，社会实践活动的正常有序开展促进了学生素质的全面发展，提升了学生的实践能力和社会适应能力，培养了学生的创新精神和协作精神，发展了学生的个性特长。

2009 年成立的河南郑州市探知教育，以"体验·探索·求知"为办学理念，以科技教育为核心，先后引进台湾地区的"小牛顿科学实验"和全球知名的乐高机器人等"动手做，玩中学"的课程体系，注重培养孩子的想象力和创造力等综合素质，带领孩子参加 FLL 机器人世锦赛、WRO 国际奥林匹克机器人大赛、河南机器人竞赛等各项赛事，并取得多项荣誉，许多孩子的优秀作品被收录进"十二五"国家重点教育出版课程"智天下趣味实验室"，一部分有创意的作品被全国优秀少儿报刊《小探索者》杂志刊发。探知教育，激发科技潜能，成就科技梦想，使孩子得到全方位的发展，深受学生的喜爱和家长的认可。

2011 年，全球知名的乐高机器人创新教育在中国建立自己的团队，现在已有两万多所中小学使用乐高教育课程。为了激励更多学生热爱机器人，乐高还将全球两大机器人赛事——WRO 国际奥林匹克机器人大赛和 FLL 机器人世锦赛引入中国。目前已有数十万名学生参加这两大赛事，中国不少团队还获奖，如"青海省教育厅梦飞天队"就获得 2013 年 WRO 国际奥林匹克机器人大赛中国选拔赛创意组冠军。该团队的带队老师刘培培说："孩子们特别有想法，只要给他们创造适当的条件，他们的想象力和创造力就会被激发出来。"

2014 年 12 月 12 日至 14 日，由上海诺凡特教育科技有限公司主办和欧特克软件（中国）有限公司、英国设计与技术协会、同济大学设计与创意学院、天津师范大学、天津市青少年科技中心和万源城协和双语学校协办的 2014 "协和万源杯"领跑未来国际训练营暨"STEM 和青少年创新教育高峰论坛"在上海闵行区平吉路的万源城协和双语学校举行。2014 "协和万源杯"领跑未来国际训练营以新能源小车为主题，以国际训练营方式进行比赛、交流、展示成果，激发 13 至 18 岁的来自不同国家和地区的青少年综合运用科学、技术、工程、艺术、数学知识创造性地解决问题，接受"团队和沟通""竞争和协作""未来领导力"三方面的考验，以培养他们的创造力，为他们创造领跑未来的国际舞台。而同期举办的"STEM 和青少年创新教育高峰论坛"，使得来自我国及英国、美国、新加坡等国家的嘉宾围绕着"设计和技术、工程项目和 STEM 教育、国际同步教学项目"等主题发表精彩演讲，对话青少年创新教育，引领创新教育的未来。

当今的时代和社会，发展是世界的主题，而人才是发展的中心，创新是人才培养的关键。

我国的公办中学作为国家民族基础教育的主体部分，理应承担为国家民族的进步和发展培养基础性人才的重任，应当把作为国家兴旺发达的不竭动力和民族进步发展的灵魂的创新教育，放到最重要的位置上来抓紧、抓好，这是国家民族基础教育的根本任务和要求，也是以创新为发展利器的知识经济时代和社会的呼唤与要求。而公办中学的特色学校是公办中学中具有独特性和先进性的学校，是公办中学发展中的代表，应当要首先担当起这一重任，并以局部带动整体发展。

发达国家创新教育的成功经验，能为我国公办中学特色学校选择创新型的发展模式，提供最有益的借鉴。

美国是全球最早推行创新教育的国家之一，而关于美国的创新教育，网络等传媒推出相关的介绍和研究的文章很多，其中不乏专家的一些文稿。

例如，华东师大教育学系杨光富发表于 2010 年 12 月 4 日的《美国中小学是如何实施创新教育的》一文，分析概括出了美国中小学创新教育的五个方面的做法。第一，活跃课堂教学气氛，注重培养学生的批判思维能力。美国人有句名言叫"没有什么问题是愚蠢的"，因此课堂气氛都讲求活跃，注重提问与讨论，师生通过问答形式实现最有效的创新教育。学生在宽松的学习环境中，加上教师因势利导的提问，就能更好地调动积极性，最大限度地发挥创造力。而教师在课堂上除了组织讨论外，还常组织多样的辩论赛，通过多种方式培养学生的思考能力，进而引导学生培养批判思维能力。第二，课程教学内容丰富多彩，大力培养学生实践创新能力。美国中小学课程内容丰富多彩，尤其注重选择有利于培养学生实践、创造能力的教学内容。而其中的学生辅导课，也叫社区服务课，尽管不算学分，但要求必须学习，因为开设这种课的目的是培养学生的动手实践能力和服务精神。1998 年，美国国家教育经济中心还为基础教育学校制定新的基础课指导性标准，即英语语言艺术、数学、科学、应用学习的操作能力标准和相关的项目作业实例，注重在教学中培养学生主动参与实践的能力，并鼓励积极思考，勇于创新，另外在教学中还强调使用"木匠教学法"，使学生在具体操作中锻炼自我发现问题和亲手解决问题的能力，从而发展想象力和创造力。这是美国在创新教育方面的重要法宝之一。第三，学校考试题目千奇百怪，注重引导学生提高全面素质与学习潜能。美国基础教育一至三年级没有学业成绩记录，三年级以后的考试也不公布分数，考试内容和教材也没有直接关系，主要考查逻辑、分析、推理等方面的能力，这种考查不仅可以检测学习结果，更可以挖掘学习潜能，培养创造力。而且到大学录取时，也一直注重对学生全面素质的考查，高校除看高考成绩外，还看高中成绩单，教师或其他社会负责人的推荐信及参与社会活动情况等，这种全面衡量学生综合能力的高考导向，便于学生在轻松的学习中进行创造。第四，大力开展研究型课程学习，着力培养学生的科学探索精神。美国研究型课程设计强调对学生创造性能力的培养，教师引导学生进行课题研究，目的在于培养学生的科学探索精神。第五，鼓励学生走出校门，积极发挥社区教育功能。学校注意让学生从社会和大自然中获取知识，因此经常组织学生旅行，布置旅游作业，写参观报告，并注重社区教育对培养学生创新能力的作用，免费对学生开放社区图书馆、艺术馆、体育馆和航空馆等公共设施，为学生学习，启发创造性思维提供便利条件。

又如，深圳福田区教育局教研中心教研员、广东省特级教师张玉彬和盐田区外国语学校骨干教师张虹发表于 2012 年第 11 期《基础教育参考》上的《美国中小学"创新教育"之我见》一文说，美国是世界上最具有科技创新力的国家之一，其教育体制鼓励学生标新立异，自由想象，畅所欲言，动手实践，发展个人兴趣，这种实用主义的教育让学生具有更强的独立意识和自信心，敢于表达自己的想法，富有创新精神和能力。在文中，他们同时提到，2011 年 9 月至 11 月，他们与深圳教师一起赴美国布朗大学学习。在学习期间，参观了罗得岛州、马萨诸塞州和康涅狄格州的 17 所中小学，这些学校都非常重视培养学生的创新精神和能力。主要表现在：其一，营造尊重个体的人文环境，为个性释放打开枷锁。学校教学楼没有让人紧张的标语和刺激神经的评比栏等，而是红红绿绿的学生作品，甚至连房顶上都是学生的手绘作品，这种装饰无拘无束，没有压力感，学校甚至还有"睡衣日"，让大家随性随意展示自我。为培养学生的发散思维和创新能力，美国的教育简直做到了令人惊叹的地步。而我们的教育，不从学生个体需要出发，而从学校和家长需要出发，这种教育理念不可能培养出具有独立精神和自由思想的科学大师和人文巨匠。其二，设置丰富多样的课程，为学生提供自主选择的机会。学校采用与大学相仿的选课制，学生可根据兴趣和需要选课，每个学生都有课表，基本没有班级概念，必修课也分模块选学，而且科学模块还分为初、中、高三级，供学生选择。学校对学优生还开设和大学接轨的 ap 或 ib 课程，在中学提前取得大学承认的课程学分，为今后大学的专业性学习赢得时间。选修课更广泛，各校从学生兴趣和学校特点出发，设置与众不同的课程，体现出多元化和选择性特点。而我国的课程是"大一统"，1996 年全国第四次教育工作会议才提出"国家、地方、校本"三级课程管理构想。其三，实行民主实践的课堂教学，培养学生发散思维。杜威的"以学生为中心"的课堂教学理论和乔姆斯基的"先天主义"教育理论在美国基础教育中影响较大，体现为课堂教学充分尊重学生，注重对学生合作讨论、探究和动手实践能力的培养，反对教师一言堂和学生死记硬背。美国培养学生创新能力的重要教学方式是直接感知和自己动手，因此学生经常要做课题报告，从选题、撰写到演讲，独立完成，而学校为此还开设自主活动课。美国尊重个体差异，激励个体发展，培养学生广泛的兴趣爱好，并充分利用课堂培养创新精神，利用课外学习增强学生对社会的了解，为我们推进素质教育和培养创新能力和精神提供了有益的借鉴。

因长期紧抓创新教育，美国出现了一些典型的成功开展创新教育的高中，如史蒂文森高中、布朗克斯科学高中、托马斯·杰弗逊科技高中、伊利诺伊数理高中、伊克中学等。

史蒂文森高中是位于纽约曼哈顿下城的一所移民性质的公办学校,有九到十二年级的学生。该校在其 100 多年的办学历史中,培养出了许多杰出人才,有"小哈佛"之称。该校在《美国新闻与世界报道》2007 年和 2008 年评选的"优秀高中排行榜"中分别居于第 15 位和第 23 位,是全美享誉盛名的高中之一,办学特色很鲜明,尤其是在创新教育方面,特色更为鲜明。学校每个学生都具有很强的独立精神与创新能力,在每年的英特尔科学天才调查中,该校是拥有奖项数量最多的学校,每年的在校生荣获"国家荣誉学者"的人数在全国名列前茅,如 2006 年有 99 名学生获此殊荣。此外,学生在全美的各种数学竞赛、科技大赛和辩论赛中,成绩都很骄人。而这些成就的取得,主要来源于如下几个方面:第一,从培养目标来说,学校提出,要培养善于观察、富有想象力、思维敏捷的人,培养不断进取、敢为人先、勇于创新的人,培养能说能做、乐于实践、身心健康的人,培养实现自我、愿意协作、贡献社会的人。而这一培养目标为造就未来科技和社会的拔尖人才奠定了基础。第二,从课程设置来说,学校坚持以学生为本的原则、及时反映科技新发展的原则、适应周围社会环境的原则和多元文化原则,并采取必修课与选修课相结合的办法,而学生要毕业,必须学完 52 门课程。必修课要求学生掌握必要的基础知识和合理的学科结构,选修课涉及范围广,并不断翻新,供学生在教师指导下选择,以满足兴趣爱好,发展个性特长。选修课程根据深度的不同还分为基础、一般、高级三个层次,供不同年级和不同程度的学生选择,基础水平课程是继续选修的台阶,一般水平课程为基本要求,修满规定的学分可以毕业,高级水平课程和大学衔接,学分被大学承认。第三,从师资配备方面来说,学校不专设班主任,而专设咨询员或导师,负责解决学生在学习、生活、心理、生理等方面遇到的问题,专设的心理咨询室和同伴聊天室,配备专职咨询员等,以引导学生形成良好的心理素质。第四,从课外活动的开展等方面来说,内容较丰富,形式较灵活,成效显著。学校为学生组织筹建各种学习兴趣小组、学生刊物、演讲队、辩论队和俱乐部等 200 多个社团,学生俱乐部有 100 个,学生刊物有 30 多种,体育运动队有 26 个,并联系大学教授作指导,不定期出版刊物,刊发各兴趣小组学生的研究成果;学校重视开设技术类课程,鼓励学生开展丰富多彩的课外和校外活动,更多地接触社会,要求每生每年参加社会活动时间不得少于 50 小时;另外学校还特别重视发展学生创新思维,鼓励学生发表不同意见,敢于提出和解决问题,使学生具备较强的科研意识、创新精神和创新能力,并指导学生参加能体现出创新精神的英特尔竞赛等。第五,从信息技术教育方面来说,学校广泛利用计算机和网络辅助教学,教室安装联网插孔,要求学生学习计算机软件、硬件知识,学会编程,学校除使用原有计算机机房开展信息技术教育外，还购置多部"移动计算机车"，将便携式计算机置于专门设计的多层推车上，哪个班需要就推到哪个班使用，灵活方便。

布朗克斯科学高中是全美最为出色的公立科学高中之一，也是一所重视创新教育的高中。据不完全统计，该校培养出 7 位诺贝尔物理学奖和 6 位全美最高新闻大奖普利策奖的获得者。学校取得的成就使很多私立精英高中望尘莫及。而为实现"为英才成长奠基"的培养目标，学校进行分层分类的课程建设，并通过增强规则意识、丰富社团活动和强化物质设施的教育功能等方面推进学校文化建设，力争提升每个学生的学术素养和研究能力，形成自身独特的创新型人才培养模式。

托马斯·杰弗逊科技高中位于首都华盛顿哥伦比亚特区市郊、隶属弗吉尼亚州费尔法克斯县，是全美最好的精英型公立高中，同时也是一所注重创新教育的学校。2009 年《美国新闻与世界报道》将其列为"全美 100 所最佳公立高中排名"的榜首。学校取得如此大的成就和如此高的声誉，主要原因是学校重视培养科技创新人才，成功实施精英教育。

伊利诺伊数理高中是一所以数学和科学命名、融合科技教育与人文思想于一体的科技精英学校。该校的办学宗旨就是培养学生的想象能力，激发学生的探究热情。

而伊克中学，也是一所非常重视创新教育的学校。该校的校训是："发展个性，提高自我。让我看，我记不住；让我听，我会忘记；让我参与，我会理解、明白。"

美国成功开展创新教育的高中，除了以上这些中学之外，当然还有很多，在此不一一列述。

除美国外，英国也是世界上最早进行创新教育的国家。关于英国的创新教育，网络等媒体推出的相关的介绍与研究的文章同样也很多。

例如，据网上的《英国中小学教育的特点和优势》一文介绍，英国中小学教育的宗旨是多强调培养学生学习兴趣，注重学生表达能力、动手制作能力和创新能力的培养，加强学生对社会和自然界知识的学习；教学多采用启发式、讨论式、探索式、野外参观实习等方法，广泛应用各种电化教学仪器及电子计算机；教学课程涉及由物理、化学、生物和地球物理课合并而成的科学课和技术与设计课等，技术与设计课涉及木工、钳工、工艺品制作、科技制作、烹调及计算机自动控制等内容，培养学生动手能力，注重灵活运用知识，一些中学水平的学生都能拆开家里的电视机、录像机、冰箱及汽车等进行修理；而教学内容与现代科技和现代社会问题紧密联系，如研究能源、资源、污染和生态平衡等世界性的课题，讨论太阳能、核能利用和水坝、电厂的设计方案，增强学生统筹分析解决实际问题的能力，培养学生的社会责任感。

2014年12月5日贵阳新东方的《"散漫"的英国课堂，玩出来的独立和创新》一文说，英国中小学课堂"五花八门"，看似有些"散漫"，英国有GCSE和GCE考试，类似我们的高考，但学生压力很小，因大学入学也需申请、面试，中学考试成绩仅作为一项重要参考，不会是一锤定音。正因如此，英国人更重视课堂教学的实用性，设置大量应用课，理论课程较浅，如学生在物理、化学课上要花超过1/3的时间做实验，在电学课上组装各种实验器材等。人文学科也一样，老师不鼓励学生死读书，讲到莎士比亚作品，大家就围成小圈讨论，氛围很激烈，并鼓励写读书报告，拓展学生课外阅读量。另外，老师还和学生探讨"如何面对死亡"等一些较深刻的问题，把医生、学者、殡葬业从业者请到课上来讲解，并让学生模拟情景、扮演不同角色，以消除恐惧，探索生命本质。

美国、英国等发达国家的创新教育以及成功开展创新教育的一些中学，都能为我国公办中学特色学校选择创新型的发展模式，提供极有益的借鉴。

美国英才教育研究专家熊晓东在2008年1月28日发表了《中美高中创新教育比较》一文，文中提到著名国际数学教育专家、美国哥伦比亚大学教授Bruce R. Vogeli曾来上海考察南洋模范中学的英才教育，当他听了数学课，听了学生宣读的论文和学生在座谈会上的发言之后，他说他"看到中国学生的数学、科技素养，看到21世纪中国的希望"。

我国公办中学特色学校选择创新型的发展模式，具有现实的依托和参照。而所依托和参照的就是目前我国已经成功开展创新教育的一些中学。

关于我国进行创新教育的中学，笔者在本书第二章"我国中学特色学校建模"的第二节"教学特色建模"的第一方面"教学理念建模"中，已有所论及。

当然，倡导与实施创新教育的中学，除了山东章丘四中、广东实验中学、浙江宁波三中、上海闵行三中、上海复兴高中、江西南康三中、江西临川一中、广西桂林一中、广西师大附中、湖北襄阳二十五中、山西风陵渡中学、河南郑州中学、天津美术学院美术高中等学校之外，还有山东潍坊市广文中学、广东东莞市东城一中、湖南浏阳市田家炳实验中学、江苏南京田家炳高中、上海市南洋中学、北京市门头沟区大峪中学、山西晋城市泽州县李寨中学、广东广州市花都区邝维煜纪念中学、江苏南京市金陵中学、浙江杭州市文澜中学、北大附中、上海市迎园中学、江苏苏州中学、苏州外国语学校等中学。

山东潍坊市广文中学在2008年10月该省教育厅召开的课程改革工作会议上提出"素质教育从课程出发"的探索，并采用行动研究方法，深入开展教育教学改革，构建以生本化的学科课程、个性化的活动课程和特色化的学校课程为特征的"三位一体"的多元课程体系，以适切的课程带动学生多元发展，努力创造适合每个初中生发展的教育，从而形成学校的"适才教育"体系，走出一条从课程创新出发，不断深化素质教育的必由之路，成为山东实施素质教育的一面旗帜。具体而言，广文中学之所以成为品牌学校，是因为它从教育存在的终极意义上回答学校存在的永恒价值——一切为了学生的发展。学校在成立之初就确立建设理想学校的发展愿景，确立"全面发展，个性突出，特质明显"的育人目标，把促进学生发展作为学校教育的根本价值。赵桂霞出任校长时所倡导和实施的"适才教育"，成为素质教育、立德树人的一种实践模式。"适才教育"包括学生适学、教师适教、全员适位、家庭适导、学校适所五个组成部分，学生适学是核心，教师适教是关键，全员适位是保障，家庭适导是支撑，学校适所是根本。教育是基于人、为了人、发展人的事业，学校在探索与建构"适才教育"的过程中，从人的适应性出发，摆脱极端功利主义的应试教育的束缚，不仅体现出鲜明的人本思想，更体现出学校领导对教育的深刻理解和对办学的整体思考。广文中学之所以成为品牌学校，是因为它从教育发展的终极意义上回答学校发展的科学路径——将课程创新作为学校教育的永恒主题。课程是人类的价值传承、知识载体、活动平台；课程是"跑道"，要为不同学生设计不同的轨道；课程是"奔跑"，课程的实施必须着眼于学生个体认识的独特性的经验的自我建构上。2008年10月，学校把课程建设作为工作的核心，走向独特的素质教育发展之路。学校明白只有提供适合每个学生的课程，才能真正促进每个学生的发展，于是在"适才教育"的探索与建构中，不断通过行动研究发现学生的成长需求，开发丰富多元的课程，创新适合学生发展的课程结构与体系。如开发实施"进阶课程"，提升了学生暑假生活质量，成了学生成长路上的加油站；开发实施"引桥课程"，最大程度遏制男女生学习成绩的两极分化；此外还开发实施"入校课程""离校课程""活动课程"等，使课程成为办学实力的集中体现，成为学校真正充满活力的源泉。广文中学之所以成为品牌学校，还因为它从教育改革的终极意义上回答学校改革的必由之路——建设富有科学精神的学校。学校除了通过课程创新满足学生的发展需求之外，还运用测量手段和数据表达信息方法，将问题解决前置化，体现出依靠与敬畏科学的探究精神。总之，广文中学是一所具有科学精神和国际视野的学校，一方面全面认真贯彻党的教育方针，大力推进素质教育，不断扩大办学规模，不断提高教学质量，先后荣获"全国体育工作先进单位""全国目标教学研究先进单位""山东艺术教育示范学校""山东重点课题创新教育实验基地""山东体育传统项目学校"等称号；另一方面注重国际交流合作，是潍坊市最早对外开放的单位之一，与20多个国家建立友好关系，美国花旗银行副董事长司马雷先生的夫人在学校设立了"司马雷夫人奖学金"，奖励每年中考的优秀生，另外学校还与美国马里兰州陶森中学、澳大利亚格林南嘎国际中学结为友好学校。

广东东莞市东城一中围绕"科研兴教，特色办校，工作学习一体化"的工作思路，以教育科研为先导，以学生全面发展为根本，坚持"依法治校，以德立校，质量强校"的宗旨，着眼于"为每个学生的健康成长服务，为每个学生的终身发展奠基"的办学理念，全面实施素质教育、创新教育，强化创新、质量、服务、争先、拼搏意识。学校成立科技兴趣小组、航模队、舞蹈队、器乐队、合唱队、书画小组、文学社等各种课余兴趣小组，其中科技兴趣小组和航模队成为学校实施素质教育的一大特色，学生参加省、市竞赛均取得较好成绩，2010年荣获市中小学航空航天模型比赛中学组团体总分二等奖。这些荣誉使得学校教育教学质量和办学品位逐年提升，赢得较高的社会声誉。

湖南浏阳市田家炳实验中学领导班子在2009年集体学习讨论"钱学森之问"以后认为，创新教育对学生具有重要意义，校长刘会成说："创新是教育的灵魂。学生有了创新的理念、创新的能力就有了坚实的发展基础，就有了生生不息的发展动力。"因此学校从当年秋季开始开展全员科技创新教育，将科技创新教育作为校本课程进入课表，列入学生学业成绩考查项目，同时组建科技创新教育教研组，由8名教师编制校本教材，腾出6间教室添置设施设备，作为科技创新的教室、实验室、制作室和成果展示室，并整合教学资源，将科技创新教育与研究性学习、通用技术教学、社会实践活动相结合，由科技辅导员对学生的科技创新教育进行考查考核，分"有想法、有创意、有创造"3个等级，按5分、10分、15分计入学分。学校开展科技创新教育5年来，连续3年，每年通过高校自主招生被录取的学生均在20人以上。现在全校学生都上创新课，都有创意、有发明，基本形成了学校的特色。2013年，在高校自主招生中以湖南第一名考入北京大学的陈思格在给母校师生的信中说："我最幸运的是在浏阳田家炳实验中学接受开放式教育。学弟学妹们，你们要迎着创新教育的阳光前进，让梦从这里起飞。"

创办于1935年的南京田家炳高中，在80年的办学过程中一直涌动着创新的思潮，是一所注重发展科技教育、科技教育气氛浓郁的学校。1995年至2005年是学校科学教育的发展时期，学校组织学生参加"三模""无线电测向""生物百科""创造发明"等各项活动及比赛，获得丰硕成果，从而坚定了学校走以科技创新为特色的发展之路。2005年至今，是学校科学教育进入跨越式发展的时期，学校确立办学理念，开发科学教育校本课程，进行教师队伍建设，从事科学教育研究及校园文化建设，均卓有成效，创新发展成绩显著，提升了学校科学教育的品质，逐步将学校的特色发展变成特色学校。尤其 2011 年获得全国青少年科技创新大赛"十佳科技教育创新学校奖"，更使学校对科技教育充满信心。"科技教育创新学校奖"由英特尔公司在美国设立，旨在奖励于科学和数学教育方面有出色成绩的美国中小学校。为引进全球优质教育资源，优化创新人才培养环境，从 2010 年第 25 届创新大赛开始，英特尔（中国）有限公司和全国青少年科技创新大赛组委会合作，开展"十佳科技教育创新学校"评选活动，每年选拔和奖励 10 所在科学教育中有出色成绩的中国中小学校，这些学校除获得奖金奖励外，还获得创新大赛组委会提供的科技教育培训、教师交流和科普活动观摩等机会。当然，南京田家炳高中获此殊荣是名副其实的，这主要表现在以下三个方面：第一，紧密围绕科学教育，努力从人文与物质方面打造优质创新教育环境。学校不仅从精神建设层面，还从物质建设层面创建校园科学教育文化，创设科学教育环境。第二，重视科学教研制度建设，提升师生科学素养。在制度建设方面，学校领导对科技教育高度重视，通过创造谋求发展，成立独有的"科技中心"管理机构，作为学校的一个部门，负责制定科学教育发展规划，开发与设置科学教育校本课程，组织与指导师生参与学校各种科学教育活动，在科技课程管理和科技活动组织中发挥重要作用。而且专设 7 名专业性强的科学教育教师，科技教师团队专业覆盖面广，分别负责发明创造、航空模型、车辆模型、机器人、空间天气预测等项目及综合实践活动，整体提升科技教育质量，在科技教育发展中作用突出。第三，注重整合校内外资源，多方位立体化开展科技活动。学校以"创新、体验、快乐"为科技活动的指导思想，开展丰富多彩、趣味盎然的活动，激发学生的参与热情，使其在活动中开动脑筋，自由想象，发挥聪明才智，引领其于快乐中体验，于体验中成功，于成功中快乐，从而达到培养其科学精神和综合实践能力的目的。

2014 年 1 月 6 日，上海市南洋中学召开由科技总指导、科技教师和理科教研组长参加的初高中科技教育工作研讨会。高中科技组组长、科研室主任陆赵华老师明确指出科技组要以学生的创新能力和创新精神培养作为重点，积极支持和配合徐汇区青少年光启创新基地各项工作，巩固和发展科技特色示范校的办学经验，争取出一批高水平、新项目的科技作品，展示上海科技教育特色示范学校的风采；创建创新实验室，挖掘校园科技环境新内涵，整合并充分利用科技、学科教育资源；继续积极组织教师参加各项科技活动比赛；加强科技类基础型、拓展型、研究型课程建设，做好科技教育与"三类课程"的整合，将科技教育渗透到学校二期课改中，推进校本课程建设，开展新一轮科技教育的研究与实践，发挥上海实验性示范性高中的辐射作用。高中科技总指导夏俊和初中科技总指导王世君等老师也提出要围绕科技教育的课程建设，推进校园科技教育环境和科技创新实验室项目建设，发挥自身的特长。而特级教师奚天敬老师还指出要充分依靠本校教师力量和相关社会资源，在学校良好的科技教育基础上，加强科技微型课程开发和教师培训。最后于东航校长作总结发言，明确学校坚持走科技教育内涵式发展道路，全力推动学校特色教育迈上新台阶。

2014 年 1 月 12 日，北京市门头沟区大峪中学在原航空航天部部长林宗棠等老领导的亲切关怀和热心捐助下举行了紫熙公益助学 3D 打印技术创新体验中心成立仪式。林部长作主题为"中国梦——3D 创新"的讲话，他说 3D 打印是一项非常有发展前景的科技，自己将不遗余力地推进中国的 3D 打印事业，希望同学们发挥聪明才智，利用好 3D 创新体验中心。门头沟区副区长李昕表达对林部长等老领导的感谢，并对同学们追求知识、勇于实践、敢于创新的精神进行了鼓励，并代表区委、区政府表示将通过加大教育投入、引进优质教育资源等多项举措，为该区的基础教育创造更好的环境。门头沟区教委表示将加大投入，加强管理，将 3D 创新体验中心建设成全区中小学科技创新体验的基地，辐射带动全区的中小学加强科技创新人才培养，营造良好的科学探索和实践的环境。总之，该中心的成立有利于大峪中学学生感受现代科技魅力，激发创新意识和行动，从而带动门头沟区广大学生致力于科学研究，攀登科技高峰。

山西晋城市泽州县李寨中学，注重开展学生实践教育活动。1984 年，时任团中央书记处候补书记的李克强到李寨中学视察，将学校率先开展的"增四课、办五小、学一技"第二课堂活动命名为"实践教育活动"。接着团中央总结推广李寨中学的经验，以超前眼光和战略思维，创造性地将中学实践教育活动推向全国，使之成为学校、社会和家庭教育的重要组成部分，成为共青团组织育人的重要载体。30 年来，李寨中学始终牢记李克强同志的嘱托，始终坚持创新开展实践教育活动，注重坚持"农科教"三结合、"普职成"三统筹的办学特色，坚持教育与经济、文化课教学与实践教育、学生全面发展与特长教育相结合，走出了一条文化知识学习与创新能力、实践精神培养并重的办学之路，使学校成为文化教育、人才培训、科技推广中心，同时承担山西"创新教育研究与实验"的子课题"在综合实践活动中培养学生的创新精神和创新品格"等。而全国中学实践教育活动也经历逐步推广、不断深化、持续规范的阶段，已深深融入国民教育体系和共青团工作格局之中，成为中学普遍开展的一项经常性教育活动，在引导中学生全面了解国情民意、提升思想政治素质、培养实践动手能力、更好适应社会生活等方面发挥显著作用。2001 年山西"双基"教育现场会在李寨中学召开，

2003 年晋城市基础教育工作会议将李寨中学作为现场观摩点，2006 年泽州县综合实践活动课题研讨会在李寨中学召开。2014 年 6 月 12 日，李克强总理在给李寨中学全体师生的回信中，充分肯定学校始终注重开展实践教育活动所取得的成绩和多年来坚持走文化知识学习与创新能力、实践精神培养并重的办学路子，并提出新希望。同年 6 月 25 日，全国中学实践教育活动座谈会在山西太原市召开，会议回顾总结 30 年来中学实践教育活动的经验和做法，探讨新时期如何按照全面深化改革的要求继续深入推进该项工作的开展。2014 年是邓小平同志诞辰 110 周年，团中央决定扩大中国青少年科技创新基金规模，启动遴选大学生"小平科技创新团队"、支持地市级团委开展中学生（含中职生）科技创新竞赛、创建"小平科技创新实验室"三项工作，并在全国选出 13 所中小学作为首批"小平科技创新实验室"的创建学校，李寨中学榜上有名。同年 6 月 26 日，"小平科技创新实验室"在李寨中学揭牌，李寨中学成为全国第二所揭牌"小平科技创新实验室"的学校（全国第一所揭牌"小平科技创新实验室"的学校是邓小平同志家乡四川广安的思贤国际学校，2014 年 6 月 16 日挂牌），团中央学校部副部长石新明等领导参加揭牌仪式，亲自授牌，并希望全校师生要传承和发扬多年来的办学经验及做法，将实验室打造成师生科技创新平台，充分发挥辐射和带动作用，将独特的思想和理念传递给更多的师生。李寨中学的办学质量得到各级领导和群众的高度评价与肯定。国务院总理李克强、团中央书记处原书记胡春华、山西省省委原书记王茂林、国家计生委原主任张维庆等曾先后到校视察。学校多次受到团中央、教育部、科技部、农业部等部门的表彰，获得"山西省德育示范学校""山西省优秀特色中学""山西省科技教育模范学校""山西省基础教育课程改革先进单位""全国农民科技培训星火学校""全国实践教育活动先进单位""全国劳动技术教育先进单位"等荣誉称号，办学经验被《人民日报》《光明日报》《中国青年报》《山西日报》及中央电视台、山西电视台等多家媒体报道。

广州市花都区邝维煜纪念中学是名副其实的科技创新教育沃土。学校积极开展各类科技竞赛活动，学生在每年的科技节中都热情参与各项科技竞赛，极大地提高动手设计制作能力和科学素养，激发对科技的兴趣爱好与学习热情，在省、市、区青少年科技创新赛事中表现优异，多次荣获科技创新奖。截至 2014 年上半年，学生的科技发明创新作品先后取得 18 项国家知识产权专利，被市、区电视台和《广东科技报》多次报道。因科技创新教育化春雨、结硕果，学校也被评为花都区和广州市科技创新与知识产权教育试点学校。

2014 年 8 月 4 日苏沪高考校园通网登出《南京金陵中学校长邹正谈中学教育的改革与创新》一文，据文中邹校长介绍，金陵中学自觉将目光转移到为国家培养创新型人才的目标上，提出一条有关全面实施素质教育的"微笑曲线"图，并设置相应的教学课程和教学活动。而该图中间部分是学校向学生传授各种知识学习的基本价值区，它构成学生基本知识素质的教育内涵，占 98% 左右的课时。图形右边部分是为培养综合素质优秀的学生，教师不断提升综合素质学习的"可增值价值区"。图形左边部分是培养学生具备优良社会道德、广泛学习兴趣，形成宽阔的国际视野；具备良好的学习习惯，注重学习知识的数量与质量的平衡；具备自觉的学习意识，树立"学习是生活不可或缺的组成部分"的理念；具备坚强的学习能力，能进行批判性和创新性学习，以终身学习提升工作水平；具备良好人际关系，有较高情商和人际关系经营能力。而这些方面能力的教育培养是以学生的终身素质增值为时效目标的，约占 2% 的课时。教育应是自然的，应遵循生命的本然唤醒和呵护学生沉睡的或被压抑的创新意识，但教育也不完全是自然的，学生的创造能力需要有意识的培养。中学的教育着眼于基础，无须期待所有的学生都能有创造和发明，但应为他们寻找"创新价值取向"，培养其科学精神与人文精神，使其知识、生活世界相融合，有效转变其学习方式，产生热爱学习、探究的情怀。整个高中阶段约有 4 800 个课时，学校使用约 2% 的课时，开展各项培养拔尖、领军、杰出人才的课程教学和活动，赋予学生终身受用的科学质疑和批判精神，以及自觉的学习意识和创新意识，提升学习能力和为国家民族服务的水平，这些正是"创新型国家"所需要的人才品质。

2014 年 9 月下旬，杭州市文澜中学隆重举行"天堂硅谷教育创新奖励基金"颁奖仪式，表彰 2013 学年在实践、创新方面取得突出成绩的品学兼优的学生，这项奖励不仅是对优秀生的认可与鼓励，更对倡导教育创新、促进人才培养模式建设、发展素质教育起到积极的推动作用。

北大附中是全国注重创新教育的中学名校，该校重视引进熟悉海外创新教育的华人学者等到校进行高中教育创新，引进张璐鸥、江学勤就是其中最典型的一例。2014 年 11 月 1 日下午，张璐鸥和江学勤应邀到 c‐Lab 教育论坛，讲述他们在北大附中等学校进行教育创新的故事。张璐鸥初次接触中国应试教育时，感到十分诧异，学生热衷学业，却对自己期许的未来一无所知。面对这些迷茫的学生，张璐鸥希望帮助他们找到自己和未来，于是他决定投身中国教育，到北京参与启行营地发展中心建设，给学生提供体验性教育，接着到北大附中国际部任教。在北大附中任教时，于课程设置上，他注重创造性，开设让学生看到世界的"经济学"课程，培养学生分析能力的"创业家"课程和培养学生表达能力的"Speak Up"课程；于教学上，注重自然性，认为不应将教育工业化，教育的目的不是生产博士，而应是让孩子这颗"种子"找到最适合的生长条件，鼓励他们创新，如在"创业家"课上，他和学生共同探讨各种创业公司的案例，让学生进入优秀创业公司实习，希望他们走出去，走向社会；于学生评价上，注重社会性，评价学生从不用标准答案，而主要看表现，因为学生要走进的是未来十年、二十年以后的世界，老师并不知道学生会面对什么，老师能做的只能是和学生同行，用已有的经验帮助学生更好地走进未来。江学勤于 1998 年到北大附中当外教，2008 年，时任深圳中学校长的王铮邀请他去创建学校的出国体系，后来又随王铮回到北大附中创办该校国际部。在深圳中学，为锻炼学生合作能力，他带领学生开展许多活动，如开咖啡屋、办日报、办英文杂志等，他认为掌握知识不是最重要的，最重要的是培养学生的思维和人品，教育应培养独立、有思想、胆子大、愿冒险离开安全空间的人。在深圳中学和北大附中，他一直提供给学生各种挑战性的学习任务，后来他发觉这种学习方式就是项目性学习，并总结出这种学习的"难度、反馈、与社会接轨"三大原则。项目性学习中的项目需要有一定的难度，学生才会去合作，去冒险；项目性学习需要有良好的反馈机制，有了这种机制，学生才知道自己做得好不好，下一次如何改进；项目性学习要从学生出发，与社会接轨，解决学生的实际需求。总之，他确立的这种项目性学习是一种需要学生合作探究的创新型学习模式。

2014 年 12 月 4 日，上海市迎园中学迎接以色列创新教育代表团的到来，祝郁校长向代表团详细介绍学校在开拓学生思维、提升学生创新能力方面所做的努力及所面临的困惑，而以色列专家也详细介绍他们国家创新教育的一些做法及人民阅读素养的培育等，并给迎园中学师生讲授系统的创新思维方法，提高师生创新技能。迎园中学也打算在优化教学流程体系方面与以色列专家进行进一步合作，鼓励全校师生在工作学习和活动中进行追逐创新和创新性实践，建立独特的创新文化。

2014 年 12 月 7 日，江苏苏州中学、苏州外国语学校等学校的中学生参加由苏州工业园区教育局和独墅湖科教发展有限公司等联合主办的"首届新加坡国立大学优才创新大使选拔大赛"，大赛在该大学的苏州研究院举行，大赛经一周的创新集训后，以 5 人为一小组共同完成包括企业运作和计算机创新等在内的实践课题，不仅要现场汇报，还要接受现场评委提问，进行答辩。最后，郭以可、陈明樟等 10 位选手获得"新加坡国立大学优才创新大使"荣誉称号，并取得助学奖励，于寒假参加新加坡国立大学官方思维创新营，继续追逐创新的梦想。有的家长说，这种动手实践的活动锻炼孩子的创新思维，这是填鸭式的课堂教学所不能比的。伴随着教育现代化与国际化的深入发展，高考升学与海外留学对学生创新能力的要求都越来越高，主办方能借助全国唯一的"高等教育国际化示范区"

独墅湖科教创新区的国际教育资源，为广大中学生与国际教育标准接轨而搭建桥梁，助推学生能力提升与海外升学，意义重大。

以上所列举的这些中学，倡导和实施创新教育是成功的。这些中学自觉摒弃办学的功利意识，将学校的育人功能和方向转移到为党为国培养创新型人才的伟大目标上来，这些中学的办学教学特色将为公办中学特色学校选择创新型发展模式提供有益的借鉴，公办中学特色学校应该依托和参照这些中学成功开展创新教育的经验和做法，继续广泛而深入地开展创新教育，并逐步带动更多的公办中学加入创新教育与实践的行列，为党、国家、民族和社会培养更多发展性的创新型人才。

我国《国家中长期教育改革和发展规划纲要（2010—2020年）》提出，要在高中阶段"探索发现和培养创新人才的途径"。凤凰网创新频道有句广告语说得相当好："一个时代的灵感，将由创新者激发；一个民族的未来，将由创新者引领。"2007年10月15日至21日，教育部原部长周济在党的十七大记者招待会上提出在新的历史时期和新的历史阶段科教兴国的两个新的奋斗目标，就是建设人力资源强国和建设创新型国家。而我们的中学教育能否为培养出大批科技英才和合格的技术人才打下坚实的基础，已成为全社会关注的焦点。联合国教科文组织前总干事马约尔曾经说过这样一句话："我们留下一个什么样的世界给子孙后代，在很大程度上取决于我们给世界留下什么样的子孙后代。"培养什么样的人才，应该是我们的教育首先要考虑的目的，希望公办中学特色学校能为党、国家和人民培养出更多的创新型的子孙后代。

第二节　民办中学特色学校发展的"夏山"模式

一、我国民办教育的兴起

民办教育是指国家机构以外的社会组织或个人，利用非国家财政性经费，面向社会创办学校及其他教育机构的活动。

我国民办教育发端于20世纪80年代。1982年修改的《宪法》中，开始出现有关倡导民办教育的论述。《宪法》规定"国家鼓励集体经济组织、国家企事业组织和其他社会力量依照法律规定举办各种教育事业"。接着，1982年11月26日，彭真委员长在全国五届人大五次会议上所作的宪法修改草案的报告中明确指出要用"两条腿"办教育。中共中央于1985年正式发布《关于教育体制改革的决定》，指出"地方要鼓励和指导国家企业、社会团体和个人办学"。而根据中共中央的决策部署，教育部于1987年颁布《关于社会力量办学的若干暂行规定》，这使民办教育真正走上法制轨道。1992 年，中共十四大报告进一步指出要"鼓励多渠道、多形式社会集资办学和民间办学，改变国家包办教育的做法"。随后，中共中央和国务院于 1993 年颁布《中国教育改革和发展纲要》，更加具体地指出"要改变政府包揽办学的格局，逐步建立以政府办学为主体，社会各界共同办学的体制"；"国家对社会团体和公民个人依法办学，采取积极鼓励、大力支持、正确引导、加强管理的方针"。1997 年，国务院为进一步加强对民办教育的管理，颁布《社会力量办学条例》（以下简称为《条例》），这是一部规范民办教育的重要的行政法规。《条例》的出现，使我国民办教育进入依法办学、管理和行政的新阶段。而在《条例》颁布两年后，我国召开的全国教育工作会议又提出，要大力发展民办教育，要在第十个五年计划期间，基本形成以政府办学为主体，公办学校和民办学校共同发展的教育格局。为了更好地推进民办教育深入发展，全国九届人大第 31 次会议于 2002 年审议通过《中华人民共和国民办教育促进法》，并宣布于 2003 年 9 月 1 日起实施。①

而作为民办教育实体的各级各类民办学校和机构，基本上也和民办教育政策法规同步诞生和发展，稍有不同的是，作为民办教育实体的各级各类学校和机构在发展中所呈现的阶段性较明显。第一个阶段是 20 世纪 80 年代，出现的多是非学历的文化补习性质的培训学校和机构，如高考补习学校、中考补习学校、文化宫高考补习班、少年宫中考补习班等。第二个阶段是 20 世纪 90 年代，民办教育实体开始从非学历的文化补习学校和机构发展到具有正式学历的全日制的学校和机构，且从非学历与低学历的基础教育阶段的学校和机构发展到高学历的中高等教育阶段的学校和机构，如各类民办中专、民办技校和民办高校等。

我国各级各类民办学校和机构，在经历近 30 年的发展后，今天可以说是形成了一个较为庞大的教育群体。

据统计，截至 2008 年底，我国各级各类民办学校和机构有 12 万多所。其中，民办幼儿园 83 119 所；民办小学 5 760 所，在校 480.4 万人，占全国小学在

---

① 中华人民共和国宪法 ［EB/OL］. (2005 - 06 - 14). http：//www. gov. cn/test/2005 - 06/14/content_6310_2. htm；民办教育 ［EB/OL］. (2014 - 05 - 13). http：//baike. baidu. com/view/265480. htm；1985 年中共中央关于教育体制改革的决定 ［EB/OL］. (2009 - 09 - 09). http：//www. jyb. cn/china/zhbd/200909/t20090909_309252. html；资料：江泽民在中共十四大上的报告全文 ［EB/OL］. (2012 - 11 - 04). http：//news. ifeng. com/mainland/special/zhonggong18da/content - 4/detail_ 2012_11/04/18821874_0. shtml；国家中长期教育改革和发展规划纲要（2010—2020年）全文 ［EB/OL］. (2010 - 03 - 01). http：//www. china. com. cn/policy/txt/2010 - 03/01/content_19492625_3. htm；中华人民共和国民办教育促进法 ［EB/OL］. (2015 - 07 - 01). http：//www. moe. edu. cn/s78/A02/zfs__left/s5911/moe_619/201507/t20150709_ 193171. html.

校生总数的4.7%；民办初中4415所，在校428.6万人，占全国初中在校生总数的7.7%；民办高中6147所，在校532.1万人，占全国高中阶段在校生总数的12.8%；民办高校640所，普通本专科在校393万人，占全国普通本专科在校生总数的19.4%；民办培训机构2万多所。①

我国各级各类民办学校和机构，集纳社会资金，依靠社会力量，因此它的出现、存在和发展的确减轻了国家的教育经费投入，在一定程度上缓解了政府在教育方面的压力，同时，在参与国家教育国民、培养人才等方面，也发挥了一定作用。这是民办教育不可磨灭的功绩。

由于民办教育比公办教育在体制上具有更大的独立性，在机制上具有更多的灵活性，尽管从大范围上来说是有法可依的，但在运作上往往会出现更大的自由度，具体到每所民办学校和培训机构，在操作上常常会出现各种随意性。而这种运作上的自由度和操作上的随意性，使得各个民办学校和培训机构在各个层面上出现各种各样的问题。

尤其是民办中学，总体的运作方式和操作办法比较乱，致使大多数学校面临发展的困境。

二、民办中学发展的困境

我国民办中学是整个民办教育中最重要的组成部分，它和公办中学共同承担着基础性的国民教育，也同时为培养国家各级各类高级人才"搭桥铺路"，因此它的作用是不容忽视的。但是，正如笔者所分析的那样，由于民办教育所具有的体制上的独立性和机制上的灵活性，也使得民办中学在整体运作上和具体操作上仍存在着种种不足。下面，笔者将从物质层面、管理层面和理念层面对大多数民办中学的种种不足加以分析和论述。

首先说说物质层面。我国民办中学自20世纪80年代出现以后，便如雨后春笋般迅猛发展起来。短短二三十年时间，大江南北，遍布民校。各类民办中学随处可见。学校的数量是多了，但是学校规模、活动设施和教学设备等方面，是很难全部让人满意的。笔者对南方部分地区民办中学走访调查获知，目前除了一些办成贵族式的民办中学在学校规模、活动设施、教学设备和绿化工作等物质层面上了档次之外，其他学校基本都不尽如人意。许多民办初中，以废弃的车间为教室，以破烂的厂房为校舍，工厂就是一所学校。这些民办学校，不要说学校规模，就是活动场所、必要的教学设备及基本的绿化面积，可能都不完全具备。这

① 2008年全国教育事业发展统计公报［EB/OL］.（2009-07-17）. http://www.moe.edu.cn/publicfiles/business/htmlfiles/moe/moe_2430/200907/49785.html.

种硬件建设都一直上不去的学校，怎么能够很好地运作下去呢？因此，从物质层面来说，这些民办学校和同类的公办学校相比，是明显存在着不足的，是不可比的。可这些学校的办学者，出于资金等各种原因，又不可能从物质层面加大对学校的建设投入，因而使得学校办了十几年，却依然还像个"破庙"。这是笔者对部分民办中学的印象和看法。清华大学原校长梅贻琦先生曾说过这样一句话："所谓大学者，非谓有大楼之谓也，有大师之谓也。"这句话当然没错，但是，这句话在当今换成另一种说法，学校如果没有大楼，那也就很难有大师，同样也是妥当的。

其次说说管理层面。教育管理同样是学校的生命线。教育管理好，学校就能生存和发展，否则，很快就会破产倒闭。民办中学的教育管理大致包括对学校领导层的教育管理、对教师的教育管理和学校领导及教师对学生共同的教育管理。

学校领导层是决定学校生存和发展的关键。我们常说"有一个好校长，便有一所好学校""有一个好班子，就有一支好团队""有一支好团队，会有一个好集体"，这些话适用于所有的学校，尤其适用于民办中学。民办中学在生存和发展中面临着更加激烈的竞争，相比公办中学，民办中学的生存和发展的压力要大得多，因此，民办中学更需要一个懂教育且具有实干作风的强有力的领导班子，特别是校长，更需要懂得教育规律，有丰富的教育经验和干练的工作作风，具有亲和力。但是，目前民办中学有几个好校长？可以这么说，民办中学的好校长确实不多。据笔者对民办中学的调查和了解，民办中学的领导大致有以下几类：

第一类是不懂教育的校长。这类民办学校的校长，要么文化水平低，要么是非教育专业出身，要么原来从事的不是教育事业。他们办教育，大多是看到民办教育能营利。当然，有的也是为了爱好，有的也是为了别的目的。这类民办学校领导，大多不懂教育，他们可能有资金建设学校，或能借到钱租到校舍，但在教育教学管理上，他们多是一窍不通或盲从，当然也就没有什么新的教育理念和办学理念使学校更好地生存和发展下去。

第二类是原为公办名校校长或教学骨干，被聘到民办学校做领导后，因不熟悉民办学校学生特点而无从管理。这类民办学校的领导很多，他们原来多是公办名校的校长或副校长，评上了高级教师或特级教师职称，在教育行业和社会上有一定的名望，而那些资金投入较大、建设较好的贵族学校的老总，也喜欢搞"名人效应"，搞形象工程，重金聘请这些所谓的名校长，一是用来撑门面、搞招牌，二是希望他们能像在公办名校那样，再做出一番成绩，把自己的学校做强做大。应该说，贵族学校的老总们的想法未尝不好，同时被聘到贵族学校任职的名校长，也不是不想把贵族学校办好，关键是他们不适应贵族学校学生的特点。原来所在的公办重点中学的学生都是优质生源，一换到贵族学校，面对的是生源情况不如重点中学，管理情况更加复杂，管理难度突然加大，这样，名校长也会变得束手无策，无从管理。

第三类是年轻的校长。这类校长从教时间不长，没有什么实际的教育教学管理经验，也没有什么沟通协调能力，但就凭着一股子劲，工作积极，善于察言观色，取悦于董事长或原来的校长，然后一路坐到学校第一把或第二把交椅上。这类校长没有什么主见，只充当董事长意图的实行者，董事长也不可能从其身上获取什么治校的好办法、好建议、好措施、好设想。这类校长，因为年轻，没经验、没能力，业务不精，所以一般也不能服众。不能服众的校长、在师生中没有威信的校长，能做什么呢？

以这几类校长为中心构成的学校领导层，都不会是强有力的领导班子。

民办学校领导层的人员构成和教育管理不好，会直接影响到教师队伍的教育管理。同公办学校一样，民办学校的教师队伍也是学校的灵魂队伍。作为直接承担教学重任的教师队伍，建设不起来，学校怎样生存？怎样发展？这是一个不堪设想的问题！但实际上，民办中学由于普遍缺乏好的领导班子，也无法建设好一支教师队伍。

民办中学对教师的录用，基本上只能实行聘用制，没有政府正规渠道的人事组织约束，因此，教师的去留本身是很自由的。民办学校在稳定教师队伍方面，只能采取待遇留人、情感留人、事业留人、环境留人等办法。

可是多年来，笔者很少发现有民办中学能通过这些办法来稳定教师，建设教师队伍。

一些建设规模较大、实力较强的贵族学校，给教师的工资待遇比较高，很多教师也都想挤进这样的学校。应该说，这种学校是容易稳定教师队伍的，但事实上，教师队伍也不稳定。因为这种学校的领导对教师队伍的教育管理，常怀有几种心态。第一种心态是仗着自己的实力，不怕招不到教师，因此对教师的教育管理采取的是简单的企业员工管理手段，一旦发现教师有什么缺点或不足，动不动就要"炒鱿鱼"；第二种心态是总想年年招进好教师，想长期通过"外引"，最后达到队伍的整体自然优化，因此年年在策划招聘教师，但又好像年年都招不到一批好教师；第三种心态是教师是聘用的，去留自由，想通过"内培"，花费人力、物力、财力和时间把教师培养好，但最后他（她）又走了，岂不是一种浪费，因此干脆也放弃"内培"的途径，这样来得省事。

和以上贵族学校领导的做法不同，一些苦心经营并发展起来的民办学校的领导，对教师的教育管理却采取高压的办法。这类民办学校，提供给教师的福利待遇不会很好，甚至有的学校工资福利方案不科学、不合理，分配不公平，挫伤了很多教师的积极性；在工作中，总要以最高的标准和要求来衡量教师，教师一旦做不到，就得挨骂。试想，1995年，来自河南南阳的珠海瑞进电子有限公司的打工仔孙天帅，宁可丢掉每月1 300元工资的饭碗，也不愿在洋老板面前下跪；作家鬼子获奖的中篇小说《被雨淋湿的河》中的晓雷，也是一个"不跪的打工仔"的形象。而教师作为知识分子，自省意识更加强烈，在人格方面是最敏感的，心态也最复杂，他们又能在一个民办学校的领导面前"长期下跪"吗？不会的。那么，在这种完全找不到一点人文关怀的学校，教师肯定是待得不长的。教师时时都想走的学校，是不可能有稳定的教师队伍的。

在教师队伍的教育管理上，还有一些民办学校领导采用比较极端的学生管理教师的方式。学校领导赋予学生话语权，教师完全没有话语权，领导也不会听教师的。学生给教师的教育教学成绩打分，分数成为决定教师去留的依据。这样一来，一些责任心强、对学生严教严管的好教师，就被学生打压下去了，而一些平时不怎么负责任但刚好"中"了学生的意的教师，却被学生抬了上来。最后留下来的就是这类教师。这类教师肯定不会是实干的好教师。这类民办学校领导的这种管理方式，其实是违背了教育规律的。

以上是民办中学领导对教师教育管理所实行的三种常见的模式。这三种模式都不是最好的办法，也不会有什么好的效果。基础教育阶段民办学校由于对领导层的任用管理和对教师的教育管理失当，不能形成一支好的领导班子和一支好的教师队伍，所以在对学生的教育管理上也很盲目，很功利。这些学校的领导和教师，为了快出成绩，也为了省事，他们甚至完全不顾自己面对的是什么样的学生，完全不遵循教育规律，不抓德育，不抓管理，而只是死抓教学，死盯成绩，或者在教育管理上，"头痛医头，脚痛医脚"，只堵不疏。最后，学生管不了，压不下，成绩上不去，升学率又提不高，使整个学校处于停滞不前或瘫痪坏死的状态。

最后说说理念层面。民办中学的办学理念，理论上的提法，应该说都很好。如"成人·成才·成功""为了一切孩子，为了孩子一切，一切为了孩子""学会做人，学会做事，学会学习""今天你以学校为荣，明天学校以你为荣""办学利民，读书明理""多元办学，多出人才""忠心留给祖国，孝心留给父母，爱心留给社会，关心留给他人，信心留给自己"等。这些办学理念，集中体现了学校办学的目的和目标，包含了办学者对学校整体发展的构想。但是，实际上能很好地践行这些办学理念的学校很少。基本上是，理念的提法是一套，而实际的做法又是另一套，当然，实践的结果也是另一样。因此，理念再好，也只是空洞的理论。最后，学校不但办不好，还害了学生，断送学生的前程和未来。

由上述分析，我们看到，民办中学在物质层面、管理层面和理念层面的确存在着诸多不足。有的学校更因如此，想要发展下去，已感觉很难。

当然，民办中学所存在的这些状况，也并不能完全说它已没法再"走"下去。相反，它应该有更长的路可走，而且会有更长的路要走，因为有国家政策的支持。那么，民办中学要继续更好地生存和发展下去，该怎么办？这就涉及如何选择正确的运作方式和操作办法的问题，涉及是否尊重教育管理规律的问题。

三、民办中学突破困境的办法

关于民办中学面临发展困境的问题，笔者已作了具体阐释，在此仅就如何突破困境提出几点看法和建议。

第一，坚持走多元办学特色的路径。目前民办中学在办学方面基本是一元化，即和公办学校一样，搞升学率。民办学校要不要狠抓教学，努力提高升学率？肯定要。但民办学校和公办学校争教学、比升学率，做得到吗？相信大多数学校是做不到的，除了桂林等极个别地方之外。因为民办学校学生大部分基础差，再加上教师队伍不稳定，整体素质不好，这两个方面就决定了大多数民办学校在教学和升学率上不可能超过公办学校，甚至这两个方面拖垮了一部分民办学校。因此，民办学校应该而且必须要寻找其他辅助性的办学路径，并最终形成自己的优势和特色，这样才能立于不败之地。比如，可以通过加强校园文化建设，努力培养写作、体育、美术、音乐、舞蹈、表演等方面的特长生，使特长教育成为学校办学的另一种优势和特色。试想，一个能培养出像韩寒那样的学生作家的学校，难道不会有学生来读书？一个能培养出大批体育和美术专长生的学校，难道就没有一点影响？一个能培养出某少年钢琴手或者某歌手的学校，难道就没有一点名声？一个能培养出某舞蹈选手或者某演员的学校，难道就没有一点吸引力？南京师大附属实验学校走出因参演好莱坞大片《速度与激情6》而被誉为"国际影幕新东方面孔"的当红影星黎妍和"新一代偶像剧王子"的张峻宁，就是一个好例子。因此，特长教育应该成为民办学校发展的一种办学优势和特色。又如，可以针对学校的实际，通过强化某种教学方法，使其成为学校办学的一大亮点和特色。能很好地推行尝试教学法、赏识教学法、体验教学法或愉快教学法的学校，不可能没有一点生命力。再如，可以根据学校的师资条件等情况，通过强化某种教学方式，使其成为学校办学的一大优势。能很好地践行引导、启发、自主、合作或者探究等教学方式的学校，不可能不引起其他同类学校或者社会的关注。另外，也可以针对学生的实际，通过强化某些专项教育，使其成为学校办学的特色。能长期而务求实效地开展孝敬教育、感恩教育或苦难教育的学校，不可能不得到社会的承认和家长的欢迎。最后，也可以通过承接教育领域的某项研究课题或者让政府、社会的一些正规合法的培训基地，如德育培训基地等，进驻校园或与学校挂钩，使其成为学校办学的一个宣传阵地。不用说，能够承接教育教学研究项目的学校，人们不可能不知道这类学校的教师有多厉害，学生不可能不慕名而来。学校有政府或者社会的培训基地来辅助，并适度参与教育教学管理，这样的学校，政府、社会或家长不可能不放心。总之，民办学校要很好地生存和发展，就必须要走好多元办学的特色道路，把文学特色、体育特色、美术特色、音乐特色、舞蹈特色、表演特色、教学特色、教育特色、管理特色或德育特色等办成全校性的惠及每个学生的真特色，防止搞局部个体的伪特色或假特色。

第二，聘用好校长。当前民办中学的校长，大致有这么几类：第一类不懂教育，像盲人摸象，似是而非；第二类不熟悉民办学校学生的教育管理，像空手打虎，无计可施；第三类年轻，如一棵小树，没有见证成长的风雨，缺乏实际的教育管理经验；第四类年老，如风雨飘摇中的老树，没有应付工作的精力。那么，避开这几类，哪一类是最好的呢？那当然是文化层次高、修养好、年富力强、懂教育、热爱教育、有经验、务实而又能创新的校长，这类校长才能适应民办学校的教育教学管理。当然，要聘任这类校长也不容易，一是这类校长并不多，不好找；二是要聘用这类校长一般需要高薪，普通民办学校难聘得起。不过，为了学校能更好地生存和发展，办学者也不得不考虑这个问题。

第三，建设高素质的教师队伍。民办中学要建设高素质的教师队伍，首先必须要稳定教师。教师不稳定是民办中学长期以来都解决不了的通病。作为直接承担教育教学重任的教师，都不能保持相对的稳定，哪来高素质的队伍？因此，学校要通过待遇留人、情感留人、事业留人和环境留人等办法来稳定教师，要通过短期聘用、长期聘用和终身聘用相结合等方式来稳定教师，要通过与政府合作办学、让优秀教师入编等途径来稳定教师，要通过采用尊重激励、信任激励、关怀激励、支持激励、公平激励、成功激励、荣誉激励、金钱激励、榜样激励和评判激励等多种正面的激励方式来稳定教师；同时，还要长期通过"外引"和"内培"相结合的办法，不断优化教师队伍和结构，通过优质课评比、校外培训学习和指定完成专题等办法提高教师队伍的素质和能力。唯有如此，才有望出现高素质的教师队伍。

第四，坚持实行德智并行的教育教学管理模式。民办中学大部分生源较差，这不仅体现在学生的基础知识，其思想觉悟和道德状况问题有时也不得不引起重视和警醒。面对这种情况，光抓教学，提高升学率，那是不可能办得到的，那只是舍本求末的做法，在教育管理中只封堵而不疏导，也不是最好的办法，是"扬汤止沸"，而非"釜底抽薪"。最好的办法是德智并行，即一方面以德育为本，在教育管理上既封堵又疏导，使学生学会做人，学会立志，学会学习，学会做事，学会生活；另一方面以教学为主，使学生在学习中不断得到充实，不断获得成功，不断获得快乐，不断获得力量。基础教育阶段民办学校只有实行德智并行的模式，教育教学管理才能取得明显的效果。

第五，坚持教育为先、管理为辅的原则。现在大部分民办中学都强调管理，提出"向管理要质量"的口号。于是学校的任何一项工作，哪怕是小到检查学生的便盆或打印一份通知之类的工作，也都要细化，让教师来管理或完成，每天时间安排得满满当当，老师的工作就像打仗一样，晚饭得提前在中午煮好，第二天的穿戴得在前一天的夜里准备好，搞得很紧张，很累，使教师这份职业变成了"短命工"。这种用体力来维持学校运转的做法，效果不见得好，有时甚至会更糟。究其原因，有二：一是违反了教育的规律。学校的管理不是不重要，也不是不要。管理肯定要，但它相对于教育而言，应该只是辅助。教育才是第一位的，教育是先导。学校教育工作做得好，学生学习、生活、纪律等方面自觉了，主动了，管理才会轻松，甚至可以少管理或不用管理。二是教师在教学和管理上平均用力，甚至在管理上所花的时间和精力比在教学上所花的时间和精力还要多，如此，势必会影响教学的质量和效果。因此，民办中学要坚持教育为先、管理为辅的原则，要按照教育规律，认真研究出学校教育的最佳方案和方法，重视典型教育和榜样教育，并长抓不懈，使整个学校教育工作形成常态化，让学生在教育中得以潜移默化，找到做人的参照。同时，在此基础上，辅以适当的管理，使管理很好地服务于教育。唯有如此，基础教育阶段民办学校的教育教学管理才能有序地进行下去，教育教学管理水平才能不断地得到提高，学校也才能不断地得以发展壮大。

第六，采用双层管理结构的办法。基础教育阶段民办学校是基础教育阶段公办学校的一个补充，因此大都会集中较差的生源，而面对这样的生源状况，一个班安排一个班主任，一个年级安排一个年级长，一个处室安排一个主任，这种单人管理结构，效果不大，有时甚至控制不住局面，尤其是在班级管理上。因此，有必要采用双人管理结构的办法。一个班安排正、副班主任，共同组织或轮流开展班级教育管理工作。一个年级安排正、副级长，分管不同的班级。一个处室安排正、副主任，分管不同的年级。对于差生人数多、管理难度特别大、管理效果不明显的班级，校级领导还可以直接介入班级管理。这样做，即便是津贴拿得少，但班级教育管理工作轻松，不至于累死哪个人，而且效果也会明显，很多教师和领导都会乐意去做。

第七，设立教育管理专员。针对民办中学生源较差、管理难度大、管理效果不明显等问题，学校还可以探索走德育导师模式，通过设立教育管理专员的制度和办法来加强教育管理。每个学校设立教育管理专员 1 至 2 名，从属于政教处、校办等科室，也可以单独设置为德育室或训导室。教育管理专员专门负责对全校各个年级、各个班级特差生的教育和管理，因此宜为非教学教师，如果承担教学任务，应要减量。同时，教育管理专员要聘请教育管理方面经验丰富且沟通能力强的教师来承担，稍差的必须要先培训，合格后才能上岗。设立教育管理专员，可以直接降低班主任的班级管理难度，减轻班主任和任课教师的管理任务，使其能有更多的时间和精力从事教学与教研工作，另外也可以大面积地稳定学生，从而使整个学校的教学和管理走向良性发展的轨道。

四、民办中学特色学校发展的"夏山"模式

夏山学校是 1921 年英国教育家 A. S. 尼尔在英格兰东萨佛郡里斯敦村创建的一所实验学校，而经过近一个世纪的发展，今天学校已变成一所充满自由活力的革新的学校。学校在办学理念、教育方式和管理方法等方面都有许多成熟的做法和成功的经验，值得好好借鉴，这是本书笔者极力倡导我国民办中学特色学校选择夏山学校发展模式的原因。

首先，夏山学校具有先进的办学理念，其先进的办学理念来自学校的创办者。创办者是教育家，学校是教育家办学的学校。教育家是研究并深谙教育规律的，按照教育规律去办学，按照人的成长、发展的规律去教育、管理受教育者，这是夏山学校先进办学理念的来源。像尼尔和他的妻子在学校创办之初就持有共同的理念，那就是要"创造一个不是让孩子们来适应学校，而是去适应孩子的学校"。在近 100 年前，就能提出这个要充分尊重人的发展个性的办学理念，算是很先进。只有像尼尔这样研究并懂得教育规律和人的成长发展规律的教育家，才能提出这样先进的办学理念。10 多年来，我国中学在推行新课标和新课程的学习，不少的业内人士都能意识到教育要尊重人的个性发展，学校要按照人的成长、发展的规律对受教育者进行教育和管理，但直到目前为止，真正能根据自己的认识去推行这种教育理念的人有多少？尤其真正能推行这种教育理念的学校有多少？据了解，都不多。从学校来说，目前真正能推行这种教育理念，充分尊重学生的个性发展，真正落实一个学生一张课表的学校，只有广东深圳中学和北京市十一学校等几所省市级公办重点中学，而民办中学却少见。

其次，夏山学校施行民主自由的教育方式。学校民主的教育方式主要体现在成立自治会。自治会分为学生自治会和师生自治会。学生自治会是实行和体现民主的组织，由一位年纪大的学生主持，成员包括所有在校生和教职员等；学生自治会分为议事、议程、会议三部分，议事部分是以报告形式反映学生们一周的意见等内容，议程部分是学生们提出一周的重要建议，会议部分就是仔细讨论形成决议。师生自治会就是学校自治会，是学校主要的民主形态，它主要以团体形式实行周六晚上师生自治会的表决决定，强化团体约制的辅导。

很明显，自治会对学校所有学生具有奖罚的权力，同时也培养每个学生争取自己各种权利的能力。而学校自由的教育方式主要体现在：第一，发展目标上的自由。学校不强制使用训练、命令、要求、道德和宗教等方面的说教，而主张学生按照自己喜欢的方式和拥有的能力去发展，即按照自己的志趣和才能去发展，想成为文学家的便努力去当文学家，想成为科学家的便努力去当科学家，想成为律师的便去做律师，想成为医生的便去做医生，甚至觉得自己适合做投递员的也可去做投递员，适合做清道夫的也可去做清道夫，使学生真正拥有快乐生活和自由成长的空间。第二，学习原则上的自由。学校在教学目标上努力适应不同学生的需要，培养其主动学习能力；在教学形式上多以游戏教学为主，激发学生的学习兴趣；在课程和教材设计上重视教师创设学习情境，因材施教，引导学生凭借个人经验进行学习，倡导个别化和富有弹性的学习方式；在教学方法上采用弹性课表和混龄编组的方法，学习过程中提倡自由、责任、信任与自信等，并强调情意教育，使学生有机会选择自己的学习课程，负责安排与完成自己的学业；在学习空间上，学生不再只限于教室，还可以走出教室和学校之外；在教室纪律管理上，强调指向有意义学习的原则，学生可在不妨害他人学习的情况下自由走动或工作，而教师可自行负责教学；在师生关系上强调学生主体性和教师辅导性，在为学生提供更多学习机会的同时，教师要不断充实与提高自我，成为学生学习的引导者；在学习评价上尽管师生都学习入学考试科目，但一般不举行正式考试，平时测验是以轻松谈话的方式进行的。第三，活动上的自由。例如，学生周一和周四晚上可到街上看电影，周二晚上可去听演讲或分组阅读，周三晚上可去跳舞，周五晚上可学习话剧，周六晚上集中讨论生活、学习、活动问题，周日晚上欣赏影剧；又如，学生享有游戏自由，可以游玩代替读书；再如，学校不实行责罚制度，师生能在宽松的环境中和谐安全、自由愉悦地生活。10多年来，我国中学在推行新课标和新课程学习的过程中，不少教师和学校领导在学习教师角色的转换和课堂教学方式的转变等知识时，多少都能理解民主自由的教育方式，但是又有多少教师在教育教学中，有多少学校领导在办学管理中很好地践行这一近100年前夏山学校就施行的方式呢？应该说很少很少。生源质量好的个别公办重点中学是能成功推行这种教育方式的，但是民办中学学生各方面素质普遍较差，目前几乎没有什么学校能推行和敢推行这种方式。而民办中学到底能不能推行这种充分尊重人的个性发展并致力于培养人自身各方面能力的方式呢？笔者认为完全可以。民办中学学生各方面素质普遍较差，这是一个事实，但是学生一样具有发展潜能，一样需要发挥和体现自身潜质的教育方式，而像夏山式的这种民主自由的教育方式，可能恰恰是最适合它们的发展需求的。因此，民办中学不能和不敢推行这种方式，只能说明一个问题，民办中学的教育管理者更多的是没有真正懂得教育，也不具有像尼尔这种教育家的胆识、眼光和信念。而只是笼统地认为，各方面素质较差的学生，绝不能放松和自由，放松和自由就无法收拾，而从不考虑怎样才算是按照教育规律和人的成长发展规律去教育学生，怎样科学处理学生放松与自由的问题。所以，目前在我国的民办中学，大多出现的是越管越严的现象。学生越想放松和自由，领导老师越是要打压学生，硬是不能给学生放松和自由，采用的只能是这样一种简单粗暴和十分功利的教育方式，因此学校自然不会办得好。

最后，夏山学校总体实行的是学生自主管理和团体约束的管理方法。学生自主管理的方法来自学校所采取的民主教育方式。学生自治会这种民主教育方式，就是学校学生自主管理方法的具体表现形式。而团体约束的管理方法也同样来自学校所采取的民主教育方式。师生自治会（学校自治会）这种民主教育方式，就是学校团体约束的管理方法的具体表现形式。夏山学校的教育方式总体实现了学校管理方法的目标，这是科学合理的方式和方法。

总之，夏山学校因为具有先进的办学理念和科学的教育方式及管理方法，能把一些自卑、厌学、叛逆的孩子培养成日后杰出的设计师、演员、艺术家、音乐家、科学家等，而成为世界上"最富人性化的快乐学校"。我国的民办中学是公办中学的一个重要补充，但是民办中学长期面临生源数量少、生源质量较差等问题。因此，民办中学的领导老师如果不去研究教育和学生，不掌握教育规律和学生的成长发展规律，不重视培养学生的兴趣和创造力，那么发展就很难有新起色，也更难有特色。所以，民办中学特色学校应该选择夏山学校的发展模式，应更多地遵循教育规律和尊重学生的个性发展，真正办出自己的特色来。

当然，夏山学校是创办于西方的学校，是西方人创办的学校，由于地理条件、社会背景、时代背景、民族性格和生活习惯等方面的差异，我们在把夏山学校当作一种教育发展的选择模式，借鉴它先进的办学理念、科学的教育方式和管理方法的时候，不能照搬照用，而应该合理地、创造性地运用它的成功经验和做法。唯有这样，我国民办中学特色学校才能创办出中国式的夏山学校。

第三节　民族中学特色学校发展的民族化模式

一、民族中学特色学校发展的必要性

1. 传承少数民族传统文化

我国是一个由多民族组成的大家庭，除汉族外，还有 55 个少数民族，每个民族都有自己悠久的历史和灿烂的文化，都有自己的语言，甚至多数还有自己的文字。每个民族都有自己的史诗，包括创世的、民族的和英雄的史诗。如从创世史诗来看，壮族有《布洛陀》，瑶族有《密洛陀》，景颇族有《勒包斋娃》，哈尼族有《十二奴局》，拉祜族有《牡帕密帕》，白族有《创世纪》，纳西族有《东巴经》，彝族有《梅葛》，哈萨克族有《黑萨》等；从民族史诗来看，傣族有《兰嘎西贺》，拉祜族有《根古》，回族有《月上贺兰》等；从英雄史诗来说，苗族有《亚鲁王》，侗族有《嘎茫莽道时嘉》，傈僳族有《阿考诗经》，藏族有《格萨尔》，蒙古族有《江格尔》和《嘎达梅林》，柯尔克孜族有《玛纳斯》，维吾尔族有《乌古斯传》等。除史诗之外，每个民族还有自己的传统节日，如壮族的三月三歌节（祭龙节）、瑶族的达努节、苗族的芦笙节、侗族的斗牛节、京族的唱哈节、傣族的泼水节、景颇族的目脑节、哈尼族的扎勒特、拉祜族的月亮节、傈僳族的刀杆节、白族的三月街、纳西族的东巴会、彝族的火把节、藏族的雪顿节、维吾尔族的库尔班节、塔吉克族的迄脱乞迪尔节、蒙古族的那达慕、回族的开斋节、满族的添仓节、鄂伦春族的篝火节等。

每个民族的语言文字，每个民族的史诗节日，还有每个民族独特的文化和生活习俗，构成了每个民族悠久的历史和灿烂的文化，是整个中华民族悠久的历史和灿烂的文化的一个重要部分。因此，民族中学特色学校应该注重传承少数民族传统文化，使少数民族传统文化成为中华民族传统文化不可或缺的一部分。这应是民族中学特色学校发展的必要性之一。

2. 发展少数民族教育

我国的少数民族教育，在党和国家的民族政策的正确指引和重点扶持下，都得到不同程度的发展。尤其是广西、西藏、新疆、内蒙古、宁夏这些民族自治区域和云南、贵州这些多个少数民族聚居的省份，少数民族教育还得到更快、更多和更好的发展。具体来说，主要表现在以下几个方面：第一，新中国成立后，特别是改革开放以后，各个民族自治区域能根据各区域民族教育所存在的问题和状况等，充分利用民族区域自治法规，灵活制定区域民族教育发展条例，全面而有针对性地狠抓民族教育；而各个少数民族聚居的省份，也能很好地落实党和国家

的民族政策，在制度设计和资金投入等方面，重点考虑向发展少数民族教育倾斜，使少数民族教育得到更快、更好的发展。第二，在各个民族自治区域和各个少数民族聚居的省份，更多的民族学校得以创建，各个民族受教育人数普遍增多，受教育程度普遍提高。从 20 世纪五六十年代起，广西等 5 个民族自治区域和云南等多个少数民族聚居的省份，都创建了民族学院，而且各省区的州（地区）县也都创办了中等民族师范学校和民族干校，这些民族学院、民族师范学校和民族干校，培养出许多各族干部和人才。而到 20 世纪 80 年代以后，更多的民族学校和民族班又得以创建，各州（地区）县甚至各乡镇，都创办了民族中学、民族小学、中小学民族班和民族中专等，民族学校的种类涵盖了大学、中学、小学，各个少数民族受教育的人数不断增多，受教育的程度不断提高。第三，各个民族自治区域和各个少数民族聚居的省份，通过发展民族教育，使各个民族的文化得到不断的传扬，各个民族的思想观念得到更大的转变，各个民族的人才得到更多的培养，各个民族的生活得到普遍的提高。因此，各个民族自治区域和各个少数民族聚居省份的民族中学特色学校，要在各民族教育原有成果的基础上，继续挖掘和凸显民族特色，使各个民族的教育更有特点。这应是民族中学特色学校发展的必要性之二。

3. 培养少数民族人才

我国的少数民族大多能歌善舞，能文能武，而且人才辈出。而这些少数民族人才，一样成为我国各行各业的建设者。就拿人口较多的少数民族之一藏族来说。藏族在演唱方面，出现的歌唱家和歌手很多。新中国成立初期就诞生了雍西和才旦卓玛，她们是新中国藏族第一代歌唱家。1964 年 10 多岁的雍西代表西藏百万翻身农奴到北京怀仁堂向党中央毛主席和北京人民汇报演出，首唱《北京的金山上》，后来逐步成长为成都军区战旗歌舞团著名歌唱家。1964 年毕业于上海音乐学院的才旦卓玛，因演唱《翻身农奴把歌唱》《唱支山歌给党听》和《北京的金山上》等歌曲而成长为著名歌唱家。到 20 世纪八九十年代，又出现了宗庸卓玛、拉姆措、容中尔甲、德乾旺姆、亚东等，他们是藏族第二代歌唱家和歌手。到 21 世纪初，藏族又出现了琼雪卓玛、索朗旺姆、韩红、嘉央曲珍、降央卓玛、曲尼次仁、阿斯根、兰卡措、央金兰泽、蒲巴甲、阿兰·达瓦卓玛、三木科、泽旺拉姆、仲白、扎西顿珠、李毛措等歌手，他们是藏族第三代歌唱人才。据不完全统计，从新中国成立至今，有名的藏族歌唱家和歌手就有近 150 个，这方面的人才之多，实在令人叹服。

藏族在表演方面，也不乏舞蹈家。现为中央民族大学藏族民间舞教授的慈仁桑姆，从 20 世纪 70 年代开始花大半辈子心血奔走于西藏各藏区收集整理藏族民间舞蹈素材，并提炼成适合大学本科教学的藏族舞蹈系统教材《藏族民间舞教程：女班教材》，这位守护藏族传统艺术，连续六届获得"园丁奖"的教师，是新中国第一代藏族舞蹈教育家。现为中央民族大学教授的卓玛，1988 年在全国艺术院校第二届"桃李杯"舞蹈大赛中荣获十佳演员奖，1993 年在第四届北京舞蹈大赛中荣获单人舞一等奖，1997 年在第五届北京舞蹈年夜赛中荣获表演、创作两项一等奖，是最负盛名的第二代藏族舞蹈家。生于藏北草原而今为西藏文联舞协副主席的向阳花，2006 年进入《藏迷》剧组，2011 年凭着代表作之一《热萨玛》参加文化部举办的春晚，是第三代藏族著名舞蹈家。

藏族在文学创作方面，作家不断涌现。新中国成立后不久出现的更敦群培，是藏族著名的学者、诗人、翻译家和历史学家，学术成就在藏族文学史上独树一帜，享誉海内外，是藏族第一代作家。到 20 世纪八九十年代，藏族又诞生了一批大作家，是藏族第二代作家。多识·东舟宁洛，西北民族大学藏语言文学系教授，著有《爱心中爆发的智慧》和《大威德之光》，是名冠海内外的大学者。著有《骚动的香巴拉》等长篇小说的扎西达娃，现为西藏作协主席。著有《尘埃落定》等长篇小说的阿来，现为四川作协主席，兼中国作协副主席。著有《太阳部落》和《月亮营地》等长篇小说的梅卓，现为青海作协主席。著有诗集《在心灵的天际》和散文集《生命的颜色》等作品的白玛娜珍，现为西藏作协副主席。著有获奖短篇小说的益希卓玛，现供职于甘肃作协。到 21 世纪初，藏族又产生了第三代作家。著有获奖短篇小说《放生羊》的次仁罗布，现为西藏作协理事。著有诗集《燃烧》、散文集《角受伤的牦牛》和小说集《守戒》的觉乃·云才让，多次获得文学创作奖。著有中篇小说《纸飞机》等作品的严英秀，是甘肃联合大学副教授、评论家。此外，还有著有长篇小说《无性别的神》的央珍，著有散文集《无恙》和诗集《萍客莲情》的拥塔拉姆等。当然，藏族的作家还有很多，在此就不一一列举了。

藏族在教育方面，也出现许多教育家。喜饶嘉措，新中国成立前被国民政府聘为教授，曾给西藏原地方政府上层官员阿沛·阿旺晋美等人讲学，新中国成立后被任命为青海人民政府副主席和省文教委员会主任，是具有爱国主义的藏族教育家。顾嘉堪布，充分认识到兴办教育以提高民族文化素质的重要性，为祁连山区的教育事业尽心尽力，被誉为祁连山区文化教育的"创办者"，是致力于民族教育发展的藏族教育家。罗让尼玛，是藏族著名教育家，是藏区实施生活教育的先行者，创办阿坝州若尔盖藏文中学，20 世纪 70 年代，他的"尼玛办学模式"引起国内专家学者的关注。土登旺布，从事藏语和双语教学 40 多年，被评为西藏优秀共产党员和民族团结先进个人，是一生致力于民族教育的藏族教育家。吉美坚赞，1990 年办起寺院培训班，为藏族青少年提供免费教育，1994 年创办吉美坚赞福利学校，为孤儿和特困儿童等提供免费教育，2005 年创办全藏区第一所女子学校——草原智洲女子学校，视藏族教育改革为己任，致力于发展民族教育事业，是受人尊敬的藏族当代教育改革家。

当然，除了藏族之外，还有蒙古族、维吾尔族、回族、壮族、侗族、苗族、瑶族、白族等民族，在歌曲演唱、舞蹈表演、文学创作和教育教学等方面，同样都有很多人才，这些人才都成为国家方方面面的建设者。

因此，民族中学特色学校要着眼于培养少数民族人才。各地的民族中学特色学校应根据各民族的历史和文化，各民族的性格和生活，并结合各自所处的地域特点和发展条件，充分挖掘各民族的潜能，发挥各民族的优势，培养出各民族的各方面人才。这应是民族中学特色学校发展的必要性之三。

二、民族中学特色学校发展的民族化模式

新中国成立 60 多年来，我国各省区、各地市、各县乡的民族中学，在党和国家及地方的民族政策的重点扶持下，都得到不同程度的发展，而且多数的民族中学在长期发展的过程中，逐渐明确自身发展的优势，逐步寻找到自身发展的定位，注重将民族文化生活教育融入日常的教育教学之中，突显教育教学的民族特色，形成自身的民族化教育模式。

以新疆和西藏为例。新疆是以维吾尔族为主的拥有 47 个民族聚居的自治区，中学基本实行双语（汉语、少数民族语）教学，学校的组成形式基本是民（民语部）汉（汉语部）合校。新疆中学的民族化教育特色包括本地特色和内高班特色。新疆中学的本地特色除了双语教学和民汉合校外，还会融进一些民族文化和民族团结等方面的教育。

例如，库尔勒市第六中学是一所拥有维吾尔族、汉族、回族、蒙古族、哈萨克族等多种民族学生的民汉合校。学校积极开展丰富多彩的校内外活动，加强校园文化建设，努力发展民族教育。而学校的民族特色化教育主要表现在以下三方面：其一，坚持举办"诺肉孜"节。这个节日是维吾尔族、哈萨克族、乌孜别克族、柯尔克孜族、塔吉克族、塔塔尔族等民族的共同节日，一般在公历每年的 3 月 21 日左右，在岁首，有辞旧迎新之意，因此这一天学校会举行庆祝活动，组织各民族学生按自己的风俗习惯欢度节日。其二，为推进爱国主义教育和民族团结教育，给各民族学生提供交流的空间与锻炼的舞台，学校坚持举办校园体育文化艺术节。主要活动项目有民族舞、现代舞、维语歌、汉语歌、话剧、乐器表演等文艺会演，传统体育竞技，个人才艺展示，美术作品欣赏，书法表演，手工作品制作，现场美术素描及计算机动画设计制作表演等活动。2012 年 5 月 3 日，学校隆重举办第五届体育文化艺术节。其三，为全面深入推进民族团结教育，学校结合自身实际，开展以"感恩伟大祖国，建设和谐校园"为主题的活动。一是充分发挥宣传阵地作用，在校园广播站开设"民族一家亲"专栏，在各年级举办黑板报比赛、手抄报比赛、演讲比赛，挖掘、宣传、讴歌民族团结先进典型事迹，引导各族师生牢固树立"团结稳定是福，分裂动乱是祸"和"三个离不开"的思想，努力营造和睦相处、和衷共济、团结奋进的舆论氛围；二是大力开展民族团结教育进教材、进课堂、进学生头脑的活动，指导学生撰写民族团结感悟心得3 000多篇，鼓励学生参加民族团结知识答题等，通过开展"三进"活动，培养学生的民族团结意识；三是大力开展"帮扶大结对"活动，在教师中开展学科、年级组、班主任之间的民族大结对活动，在学生中开展民汉班级、民汉学生之间的大结对活动，通过帮扶及各种联谊活动，不断加深各民族感情，密切各民族关系。①

又如，塔城地区的和布克赛尔蒙古自治县一中，为推进素质教育，传承民族非物质文化遗产，发展民族文艺，打造"一校一品"特色学校，而开设丰富多彩的特色教育课堂活动，组建蒙古长调特色班、马头琴班、江格尔说唱班、萨吾尔登班、托布秀尔班等，打造民族特色教育学校，让民族特色文化传承下去，从而实现"特色立校""特色强校"的发展目标。据学校副校长巴·乌仁齐齐格介绍，和布克赛尔县为丰富学校文化内涵，打造学校品牌，深入推进特色学校建设，不断增强全县教育发展的整体水平和核心竞争力，各学校启动特色学校建设活动，凸显民族特色。

再如，地处哈萨克族和维吾尔族聚居区的乌鲁木齐市三十六中，这所由汉族、哈萨克族、维吾尔族等9个民族的师生共同组成的哈汉寄宿走读制完全中学，秉持"传承民族优秀文化，构建心育特色学校"的教育理念，坚持走"特色立校、师资强校、活动兴校"的发展之路，努力构建校园文化，强力打造心育特色，建设典雅润致的藏书室、儒雅美观的阅览室、精巧别致的作品廊、独具民族特色的咨询室、雅韵十足的音乐室、大气磅礴的书法室等，而今成为新疆一所充盈着心育特色，同时也极具民族风格的特色学校。

新疆内高班是党中央、国务院为使新疆少数民族学生在内地接受更好的高中教育，提升新疆基础教育水平，加快新疆少数民族人才后备队伍的建设和培养工作，推进"西部大开发"和"科教兴国"战略，从新疆未来发展和长治久安大

① 市六中数措并举扎实开展民族团结教育活动［EB/OL］.（2010－11－15）. http：//www. yuanding. gov. cn/xxzc/xyxw/2010/11/14/1015005572. html.

局出发，充分利用内地经济、文化、教育和语言优势而启动实施的一项工程。这项人才培养工程从 2000 年 9 月开始实施，并由教育部负责制定有关的方针政策和对工作进行宏观指导、检查、评估、协调等。截至 2013 年，全国内高班办班城市 45 个，办班学校 91 所，在校生规模为 3.1 万余人；内初班办班城市 12 个，办班学校 24 所，在校生规模为 2.2 万余人。其中内高班的具体办班学校有北京市通州区潞河中学、顺义区杨镇一中、昌平区二中、怀柔区红螺寺中学等。

新疆内高班的办学也很具有民族化特色。

例如，北京市示范性普通高中杨镇一中 2005 年秋季成立新疆内高班，学生 1 000 人，包括维吾尔族、哈萨克族、蒙古族等众多少数民族，是目前全国新疆内高班规模最大、人数最多的学校。而为办好内高班，杨镇一中在长期的探索和实践中，总结出许多对多民族学生教育的经验。以民族团结教育为重点，弘扬"中华一家亲、五洲同根"的育人理念，使各民族师生血脉相通，团结和乐，共同奋进，同时还经常组织新疆各民族学生欢度自己的节日，感受自身民族文化氛围。2009 年 4 月，新疆维吾尔自治区主席努尔·白克力来到学校，对新疆内高班的工作给予高度评价，并代表孩子们的父母感谢学校领导和教师为新疆学子所付出的心血。2013 年 3 月 2 日，第十二届全国人大代表、新疆伊斯兰教经学院院长阿不都热克甫·吐木尼牙孜关注内高班的建设，到校亲切看望和勉励内高班各族学生，给他们上课，与他们当面交流。他认为，在对口援疆中，教育援疆最重要，要加强教育援疆，推动新疆发展。

又如，辽宁大连 20 中，自 2000 年 9 月接受教育部要求承办内高班，成为全国首批开办新疆内高班的学校之后，10 多年来共培养近 2 000 名新疆学生，并在管理方面走出了一条独具特色的内高班办学成功之路，为我国的民族教育作出贡献，获得"辽宁省少数民族团结工作先进单位""大连市民族团结进步模范集体"等光荣称号。

西藏是我国以藏族为主体的民族自治区域，而其中学的民族化教育特色也包括本地特色和内地班（校）特色。西藏中学的本地特色基本表现为汉藏双语教学和汉藏合校，其中自然也还会有一些民族文化和民族团结等方面教育的融入，特色一般都会很鲜明。但最显著的特色应该表现在内地班（校）的特色上。

内地西藏班（校）是我国一项特殊而重要的"智力援藏"和"教育援藏"政策措施。1984 年，党中央召开第二次西藏工作会议，专门研究西藏教育问题，做出"在内地省市办学，帮助西藏培养人才"的重大决策，认为要发展西藏教育，加速西藏人才培养，光靠西藏力量和从内地调遣人员进藏援教还不够，还必须充分利用内地环境和办学条件，增加内地支援，拓展多渠道的办学方式，推动西藏教育事业发展，并发文要求在内地开办西藏班，筹建西藏中学，决定在内地的上海、天津、重庆及辽宁、河北、河南、陕西、山西、湖北、湖南、山东、江苏、浙江、安徽、江西、云南 13 个省中等以上的城市开办西藏初中班，在兰州、重庆和北京开办西藏中学。1985 年，中央采取集中和分散相结合的原则，正式为西藏开办内地班（校），16 省市 17 所中学的西藏初中班同时开学。1987 年，兰州、重庆和北京 3 所西藏中学开始招生，同年国务院召开第二次援藏工作会议，对内地办学给予充分肯定。1994 年，国务院召开第三次西藏工作会议，要求不断改善内地西藏班（校）办学条件，落实教育援藏补助经费的使用情况。具体来说，1985 年开办内地西藏班（校）的学校有 12 所，分别是北京西藏中学、辽宁辽阳一中、河北师大附属民族学院、天津红光中学、山西大学附属中学、陕西西藏中学、河南郑州四中、江苏常州西藏民族中学、重庆西藏中学、武汉西藏中学、湖南岳阳一中、江西南昌十七中；1989 年有 2 所，分别是辽宁营口四高和四川成都西藏中学；1991 年有 1 所，是山东济南西藏中学；1993 年有 1 所，是湖南民族职业学院；1994 年有 1 所，是云南昆明陆军学院附属西藏中学；1995 年有 4 所，分别是广东惠州八中、中山实验高中、佛山一高和福建三明列东中学；1997 年有 1 所，是江苏南通西藏民族中学；1998 年有 1 所，是上海共康中学；2001 年有 1 所，是安徽合肥三十五中；2002 年有 2 所，分别是上海行政管理学院和广东佛山南海区艺术高中；2004 年有 1 所，是浙江绍兴西藏中学；2010 年有 2 所，分别是北师大天津附中和天津第二南开中学。从 1985 年到 2010 年，共 29 所。2011 年开办内地西藏高中班的学校有北京八十中、北京工业大学附中、北师大燕北附中、北京西藏中学，天津第二南开中学、北师大天津附中、南开大学附中、天津七中、天津红光中学，辽宁营口四高、沈阳十一中，河北师大附属民族学院，河南郑州四中，山西大学附中，上海复旦大学附中、复兴高中、新中高中、晋元高中，江苏奔牛高中、南通中学、南通西藏中学，浙江湖州菱湖中学，安徽铜陵五中、芜湖田家炳实验中学，福建漳州一中、漳州三中，江西进贤一中，山东泰安一中、泰安二中，湖北武汉西藏中学，湖南岳阳一中、望城一中，广东中山实验高中、佛山禅城区南庄高中、惠州华罗庚中学，四川成都西藏中学、温江中学、新都一中、棠湖中学，重庆西藏中学。截至 2014 年 9 月，全国有 21 个省、市、自治区的 32 所中学办有内地西藏班，其中办初中班的 18 所，学生 4.32 万人，办高中班的 9 所，学生 2.89 万人，完全中学 5 所；复旦大学附中等 56 所示范性高中招收西藏散插班。内地西藏班（校）在办学模式上有合藏校、独藏校和散插班三种类型，教学上根据实际情况，采用单独编班和混合编班等多种形式，体制上形成区内外办学相结合的教育模式。内地西藏班（校）

是我国教育史上异地办学的伟大壮举，作为西藏教育的重要补充和人才培养的重要基地，它为西藏的经济、文化、教育的发展输送大批合格人才，是西藏培养人才的有效途径。①

内地西藏班（校）是具有民族化教育特色的。

例如，创建于1985年的常州西藏民族中学，坚持"和而不同，藏汉情融"的办学理念，努力建构学校文化体系，为藏族学生提供优质教育。2008年3月16日，学校与常州武进区横山桥初中开展"藏汉心连心"活动，促进汉藏民族友谊，维护民族团结。当日上午，藏汉心连心系列活动之一——"我手牵你手，快乐共拥有"手拉手启动仪式在横山桥初中隆重举行，下午举行系列活动之二——"真情手拉手，撞钟来祈福"，28对结对伙伴手拉手参观大林寺；同年12月5日，举行系列活动之三——"手拉手传递友情，心连心飞扬青春"；2009年9月16日，举行系列活动之四——"千里笔墨情，鸿雁传心声"，开展结对好友写一封"手拉手交友信"活动；2010年9月19日，举行系列活动之五——"品团圆月饼，庆国庆中秋"的联谊活动会；同年10月10日，举行系列活动之六——"藏汉一家亲，作客走亲戚"，让藏族学生到结对伙伴家中做客，加深了解，增进友谊，促进融洽；同年10月31日，举行系列活动之七——"相聚芳茂山，共叙藏汉情"，开展两校领导结对活动，共商结对工作，推动汉藏民族友谊；同年11月24日，举行系列活动之八——"大爱唯修身，感恩不遥远"，开展两校师生聆听一堂大德育课活动。2010年8月25日至26日，学校成功承办七彩夏日——民族团结"手拉手·一家亲·一世情"夏令营活动，省市多家单位领导和省内24所民族学校的210名学生代表及62名教师代表参加。从2010年开始，学校还成功举办了五届汉藏一家亲结对活动，为几百个藏族学生结对常州家庭，感受亲情，使"格桑花·茉莉花"并蒂绽放。2012年，学校积极配合常州市委组织部和常州电视台，让两单位进驻学校进行跟踪采访拍摄，创作出以学校师生情为原型的舞剧《格桑花·茉莉花》，一举夺得全国第四届少数民族会演金奖。2012年至2013年，学校开展两次"格桑花奖"评选、表彰活动，举行两次颁奖盛典，奖励在各方面表现突出的藏族学生。2012年8月31日，学校成功举办首届"格桑花奖"颁奖盛典，让班主任教师上台为获奖藏族学生宣读颁奖词，以多元化评价模式鼓励和引领学生多元化发展。2013年2月3日，学校与清潭中学、正衡中学等学校共同开展第十五届藏汉同胞"心手相连，共迎新年"活动，

① 西藏自治区地方志编纂委员会. 西藏自治区志·教育志［M］. 北京：中国藏学出版社，2005；周润年. 藏族教育［M］. 成都：巴蜀书社，2003.

使 489 名藏族学生能到其他中学与汉族学生参加联谊活动，增强藏汉情谊。2013年 2 月 11 日是藏历大年初一，学校在校内的金珠峰艺体馆举办庆祝藏历新年活动，常州市市长姚晓东等领导到校和藏族学生欢度佳节。2013 年 9 月 29 日，学校成功承办"民族团结一家亲"联欢会，省市等单位领导和全市各少数民族代表等共 300 多人参加活动。

又如，成立于 1991 年的作为山东对口援藏项目之一的济南西藏中学，其民族化教育特色的主要表现有：其一，始终把德育工作放在首位，把爱国主义教育、"三个离不开"教育及社会主义民族大团结教育作为德育主旋律，并以课堂教学为主渠道，充分利用校会、主题班会和升旗仪式等形式使德育活动系列化、系统化，增强教育实效性；其二，在校本课程开发方面，编写《藏汉民俗文化》，突出爱家乡、爱西藏、爱祖国的教育，突出民族团结与民族融合的教育，突出行为礼仪的教育，并从汉藏生活习俗、汉藏节日习俗、汉藏民族文学（民歌民谣、故事传说、神话史诗等）和汉藏民族艺术（歌舞、美术、建筑、工艺等）四个方面进行研究，建构课程体系；其三，每年举办一届汉语、藏语、英语的"三语文化节"，通过活动，传播与学习汉族、藏族及西方的优秀文化，以此增进民族团结和民族融合；其四，根据藏族学生的特点和需求等，成立雪莲艺术团、亚龙河文学社等 20 多个社团，培养学生的兴趣爱好，发展学生的专长，像雪莲艺术团，作为社区歌舞表演活动的主力军，在济南市举办的每年一届的艺术节上，都能夺得奖项。

除了新疆和西藏的民族中学教育教学具有民族特色，形成民族化教育模式之外，广西、云南、宁夏和内蒙古等其他民族自治区域和少数民族聚居的省份的民族中学，其教育教学同样具有民族特色，基本形成民族化教育模式。因此，我国民族中学特色学校，应该朝着民族化教育模式的方向继续深入发展，在传承少数民族文化、发展少数民族教育和培养少数民族人才等方面，作出新的更大的贡献。

第四章　我国中学特色学校建设发展中的误区与限制

　　在本书的第二章和第三章，笔者已对我国中学特色学校建设模型和发展模式予以详细论述，但是，我国中学特色学校在建设发展中还是存在着一些误区和受到诸多方面条件的限制。本章里，笔者将对这些误区和限制进行必要的阐述，以期能为我国的中学在特色学校建设发展过程中不断突破误区，规避限制，自觉矫正与纠偏，不断完善自身的特色办学提供一些粗浅建议。

　　正如前面所述，特色学校建设是目前国内外教育理论研究和教育实践普遍关注的一个问题。在办学过程中逐步形成学校特色，已成为每一所学校的办学追求。特色学校建设事关素质教育的推进与落实，更是学校自身生存和发展的需要。随着素质教育的不断推进，学校之间竞争的日趋激烈，特别是优质教育资源价值的日益凸显，特色学校建设越来越受到教育研究者和各类办学主体的关注，很多地方政府把创建特色学校作为教育发展的重要任务和评价办学绩效的主要指标之一，学校自身也开始逐渐重视特色品牌的打造和培育。

　　今天，"忽如一夜春风来，千树万树梨花开"。一夜之间，神州大地遍布各种特色学校，有特色大学、特色职校、特色幼儿园，至于特色中学，那就不用说了，更多。然而，这千万所特色学校，到底有多"特"，又到底有多少成"色"？笔者觉得很有必要再进行深入的思考。

　　当前，随着我国特色学校的研究和实践的不断深入，特色学校建设已经不是停留在讨论研究的阶段，而是已进入各级各类学校争相上马进行特色建设的时期。我们可以看到许多学校在特色建设方面充满着个性色彩，有专业特色的，有教学特色的，有德育特色的，有民族特色的，有地域特色的，有外语特色的等。但是，从全国来说，能真正抓好特色建设的学校并不多。这样一来，好像随便弄个口号，随便起个特色名字，随便弄个校本课程就可以算是建设特色学校了。是不是搞个怪异的校徽，拟个引人注目的口号，建个"高大上"的校园，引进几个知名专家等，就是建立起了特色学校呢？笔者一直不停地做出类似这样的假设和追问。

诚然，就目前我国中学特色学校建设来说，我们还是存在一些误区。尤其是在校本课程开发和建设方面，误区还不少。

《基础教育课程改革纲要（试行）》中明确指出："改变课程管理过于集中状况，实行国家、地方、学校三级课程管理。"新课标中也明确指出：各地区都蕴藏着自然、社会、人文等多种课程资源，要有强烈的资源意识，去努力开发，积极利用。据此，许多学校把目光盯在本地资源上，充分利用当地的地理、历史、文学等，进行校本课程开发。如一些少数民族地区的学校，利用当地少数民族特有的文化，开发出方言研究、地方历史、地方艺术等校本课程；中原地区的学校，利用长江黄河流域文化等，开发校本课程；沿海地区的学校，把海洋文化纳入校本课程的开发和建设之中。利用当地的丰富资源进行校本课程开发和建设，是正确之举。但是，正由于具有丰富资源的依托，造成各级各类学校在校本课程开发和建设中，一时间蜂拥而上，使得各种校本课程遍地开花，琳琅满目。但与此同时，出现了校本课程的雷同化，甚至出现学校之间对校本课程互相仿造、复制和抄袭等现象，使得同一个地方的不同学校出现几乎相同的校本课程，内容不差毫厘。还有的学校一下子就出了几十门的校本课程，水平就不敢恭维了。

重视校本课程对教师特色专业化的培养，适当开发校本课程，以促进特色学校建设，增强特色学校的可持续发展等，都很重要，但不是说搞好校本课程特色建设就是成功地进行了特色学校建设。而且目前大多数学校在校本课程开发和建设当中，存在不少误区。

一、校本课程开发建设的诸多误区

第一，对校本课程理解的偏差，造成校本课程开发的表面化，把校本课程的开发与选修课程、活动课程的设置等同起来理解。这主要表现在很多学校混淆了校本课程开发与选修课程、活动课程和兴趣小组活动设置的概念。当然，它们在许多方面具有相似性，比如，都强调学生的实践动手能力，课程开发主体重合、课程资源交叉等，这就容易造成实施过程当中的概念混淆。选修课程与必修课程相对，活动课程与学科课程相对，它们代表的是课程类型，而校本课程开发是作为课程管理体制提出来的一项国家政策，它具有更广泛的含义和范围，它可能是必修课程，也可能是选修课程，既包括学科课程，也包括活动课程，它更深刻地蕴含着教学要走向适合学生的理念。

第二，把校本课程开发理解为换教材。有些学校把国家课程教材换为地方性教材或自编教材，其内容没有本质的变化，编写也没有突出本校的特点，也不一定符合本校的需要，到头来校本课程没能真正地开发，无法促进特色校的建设和发展。教材不过是课程内容的载体，课程显然不等同于教材，教材只是课程中的一个因素，而课程则是由教师、学生、教材和环境共同组成的有机整体，教材为课程服务，也受到课程的限制，课程的发展能促进教材的开发与完善。如果把教材开发当作实现课程开发的手段，就会陷入以教材替代课程的狭义课程开发思想中去，一味地去编写教材，以为教材越多，课程就越多，就越能体现学校的特色，这种认识和做法明显是以偏概全。当前，我们看到不少学校在进行特色学校建设成果展时，把一堆堆编写的教材作为重点的展示，说编了多少教材，写了多少教案和案例等，并将之作为特色校的体现，就是这种认识和做法的结果。

其实，在课程开发当中，教师和学生才是最主要的因素，只有立足于本地域的特色资源，从教师的能力与特点出发，结合学生的兴趣爱好，突出地域特色和学校特点，创造性地进行课程内容的编排，合理编写富有特色而又符合本校实际的特色教材，才能很好地服务于特色课程的开发，促进特色校的建设与发展。而不能看到别人的教材编写得好，就去复制或仿制过来，甚至买过来当作自己的用，这样不仅不好用，也体现不出自己的特色。如有些学校用国外的英语教材就标榜自己的英语教学是特色教学，这样会贻笑大方。因为有时外国的教材就不符合我们自己的实际，环境不对、学生不适应、教法不当等，反而使教学效果不佳。同时，不少学校使用同样的教材，会显得大家都一样，也更谈不上有什么特色。

第三，校本课程开发建设的定位不清，任务不明，实施不力。有些学校把校本课程开发当作政策性任务来完成，上级部门要求做，所以才做，上级部门要检查，所以才做，或是为了学校的政绩而做。有的学校是学生感兴趣的课程，就开发；学生要求的，就设置；学生没兴趣的，就不开发，不喜欢的内容，就不用或少用。把校本课程当作一项任务来应付，或为满足学生的一时兴趣，或以别人有我也要有的心态去做，这样都会必然扭曲校本课程的价值定位，造成校本教材华而不实，相互抄袭，千人一面。如此，不但体现不出校本课程的真正价值，而且也不能促进特色学校的建设和发展。

校本课程该如何定位？首先，校本课程要在国家课程的框架下开展，并服务和丰富国家课程。校本课程和国家课程二者遵循的原则必须一致，它们的关系是补充和主体的关系，要以国家课程为主，地方课程与校本课程为辅，三者相辅相成，才能相得益彰，使得课程结构合理，课程内容丰富，各个教育教学因素得以充分发挥其效用，达到课程教学效果的最大化。其次，校本课程要突出地方性，要以地方为本，要因地制宜，因校制宜。地方文化是校本课程的不尽源泉，是校本课程的出发点和突破口。只有以校为本，以地方文化为基础，突出本地本校特色，并以学生全面发展为目标，所开发的校本课程才能更好地为学生的个性发展教育服务，为特色学校建设发挥作用。

当然，校本课程开发与建设的误区还有很多，以上列举的，只是广泛存在的方面。至于精细之处，其他论著有更精辟的论述。

二、校本课程开发建设的诸多限制

校本课程的开发和建设也受到一些主客观因素的限制。从大的方面来看，可分为外部环境因素和内部环境因素，即所谓的外因和内因。而从具体的方面来说，它包含的因素大致有国家政策、地方政府和教育部门、地域条件、学校办学理念、校长、学生、教师等。

国家政策是教育教学活动的指挥棒，所有的教育教学活动都必须围绕国家的教育方针和政策进行。《国家中长期教育改革和发展规划纲要（2010—2020年）》指出，"把改革创新作为教育发展的强大动力"，"创新人才培养体制、办学体制、教育管理体制，改革质量评价和考试招生制度，改革教学内容、方法、手段，建设现代学校制度"。这就要求我们在教育教学管理中，要强化创新意识，认真研究分析地域特点，积极探索适合本地发展的学校管理模式。而建设特色学校，正是对规划纲要的具体实践。现代教育的飞速发展，促进人类社会教育水平的提高，进而提高人类素质，但是也出现了一些教育异化的问题，尤其是在我国长期以考试为纲的教育体制下，教育问题层出不穷，国家领导人和教育专家也在不断地为我国现代教育的出路探寻良策。目前，中外教育专家普遍认为，教育的根本任务就是要促进人的全面发展。可现实的情况是，因受到不同地域政治、经济、社会发展水平、历史、文化、传统、生存状况等的影响，作为受教育对象主体的学生也呈现出不同的特点。鉴于此，如果对不同地域的学校采取完全相同的教育教学管理方法，显然不利于学生的发展成才，有违教育基本精神和规律。而建设特色学校，就是对现代教育学理论的科学实践，也是我们实现教育根本目的的一个重要探索和理想方式。

地方政府和教育部门在校本课程开发方面起着重要的作用。地方政府及教育部门是国家教育政策的具体施行者，是地方教育行为的指导者和责任人。地方政府的人、财、物等资源管理影响到学校的布局与发展，也对学校领导的决策有重大影响。地方政府与教育行政部门对课程决策的影响通常表现在学校计划、组织及宏观的课程内容管理等方面。如对学校所使用教材的审查，对校本课程开发的政策支持，对学校教育模式的肯定，对学校教育教学活动的积极引导，协调学校与相关部门的关系，争取社区资源等。

地域条件也是校本课程开发的重要影响因素。既然是学校特色化课程，那就必然与当地的地域条件紧密相关。《综合实践活动指导纲要》指出，在充分挖掘学校课程资源的同时，要研究和分析地方条件，充分挖掘地方自然条件、经济文化状况、文化传统等方面的课程资源，体现课程资源的地方特色。国家课程能够满足学生全面发展的需要，校本课程则能满足学生个性发展的需要。校本课程的开发要结合地方特色、学校实际和学生现实需求，尽可能满足每一个学生的需要，丰富每一个学生的生活经验，有利于每一个学生的文化积累，提升每一个学生的生存发展技能，最大限度地促进每一个学生的个性成长。校本课程是在学校本土生成，既能体现各校的办学宗旨、学生的特别需要和学校的资源优势，又与国家课程、地方课程紧密结合的一种具有多样性和可选择性的课程。校本课程必须挖掘学校的文化资源，体现学校文化的传承与提升，必须突出学校育人特色的打造与优化。偏离学校文化与特色去盲目开发学校课程，容易让课程流于形式。学校教育发展与地域资源密切相关，校本课程自然要整合地域特色，使地域资源成为课程要素。

学校办学理念就是教育的哲学，有了理念才有信仰，有了信仰才有追求，有了追求才能成功。只有先进的教育思想和独特的办学理念，才能使学校勇立潮头，独树一帜。百年老校因何而来？那就是办学理念。但在时下中国的许多学校中，"办学理念"成了一个仅仅在文件中存在的词汇，是一些学校贴在墙上的口号，挂在楼道间的标语。办学理念的缺失已成为我国中小学办学的普遍现象。然而，学校办学特色的形成、校园文化的建设、校本课程的有效开发等都离不开办学理念的支撑。因此，学校有必要重新审视自己的"办学理念"，努力形成自己的办学个性和办学特色，积淀自己的文化内涵，通过校本课程的开发和实施，最终提炼出符合学校自身发展实际的办学理念。

校长是校本课程开发的关键性因素，作为具体责任人，校长应是学校特色课程开发的先锋和模范。校本课程是学校根据自身的教育理念，充分利用当地地域资源和学校的课程资源，通过研讨、整合、改编国家和地方课程，自行设计或与其他力量合作等方式编制出的多样性的、可供学生选择的特色化课程。校本课程一定要凸显学校特色，满足本校学生的需求。因此，学校必须依据本校教育特色，依靠校长的办学理念。校长的教育观念、价值取向，往往决定学校的办学理念、管理风格，很大程度上也影响学校的物质文化的创建。作为一校之长，要具有战略家的眼光、教育家的风范，高瞻远瞩，善于把握时代发展的脉络，能够敏锐地抓住教育的未来走向和社会发展提供的机遇，勇敢地构造本校发展的蓝图，做到超前规划，超前发展。总之，科学准确的办学理念才是校本课程开发的灵魂。目前，新课程管理制度虽然赋予学校课程开发的自主权，鼓励学校开发富有特色的校本课程，但是中小学校长尚未完全拥有相应的课程权力。所以，现在的校长在课程开发上受制的不仅是能力和眼光问题，还有教育部门课程权力下放的问题，另外，学校的发展规划、学校的人才培养、教师的专业发展、生源问题等，也是校长爱莫能助的。

学生是校本课程开发的出发点和归宿。现代教育理念特别关注学生的全面、健康和可持续发展。这就决定了学生的发展是校本课程研制开发和具体实施的基本出发点与最终归宿。"促进学生高品质的学习和个性的和谐发展"是校本课程开发的价值追求之一。在校本课程研究中，必须从学生的实际需要出发，充分尊重学生个性的全面、和谐发展，充分考虑学生的兴趣、爱好、需要和能力倾向，对国家课程、地方课程的内容进行合理恰当的补充，将本校、本地域资源与国家课程、地方课程糅合提炼，整合成具有学校和地方特色的课程，使其更加有利于学生的学习与成长。在校本课程开发建设中，学生不仅是课程的主体与中心，更是推动课程发展的积极因素，要鼓励学生积极参与校本课程开发，赋予他们参与课程内容的编写和教学方式讨论等方面的权利，在每个教学环节中体现出他们的主体地位。

在校本课程开发中，教师处于极为关键的地位。斯腾豪斯宣称："没有教师发展就没有课程开发。"可以说学校教师是决定校本课程开发成败的重要因素之一。首先，教师的自身素质——教学理念、知识、教学技能等制约校本课程的开发。多年来，我国传统的课堂教学采用的是国家统一的课程设置，统一的课程内容，统一的课程教材，甚至不同学校采用的教学模式和教学方法都十分雷同，导致大多数教师所学的知识和所受的技能训练毫无二致，教师的创新意识极为缺乏，难以产生创新行为，与校本课程开发所需的创新精神和创新能力形成巨大的反差。在这种情况下，教师在无意识中已经被培养成知识的复印机，机械地重复知识的传播，对现代教育的敏感度降低，严重影响教师的专业发展和个人教育素质的提升。其次，教师驾驭教材的能力制约校本课程的开发。校本课程开发要求教师能够根据学校和地方资源进行特色教材的编写，整合学校教学资源，在教学过程中自如地运用教材，有效利用各种教学资源，切实提高教学效果。教师只有对教材融会贯通，才能举一反三地向学生传授知识，使课堂生动，富有活力，产生良好的师生互动。否则，会回到之前机械、呆板、照本宣科式的教学状态，使师生对课堂产生厌烦情绪。再次，教师的合作与协调沟通能力制约着校本课程的开发。校本课程开发需要教师与教师之间、教师与校长之间、教师与家长之间、教师与学生之间、教师与社区人士之间进行广泛的交流合作。在这些因素中，教师是最主要的因素，他们的实际工作能力是校本课程能否成功运用于教学的关键。但在实际工作当中，由于教师之间存在岗位竞聘、评优、职称评定等不良的人际竞争，导致教师之间的合作往往受到不良影响。因此，师生关系、家校关系、友邻单位关系等，有时不是单凭教师个人的能力就能很好地得到处理的，还需要行政管理部门、学校领导、社会人士和媒体进行正面的引导和积极的配合。不要一有教育上的问题，就不分青红皂白，拿学校教师是问，搞得各种关系极为紧张，弄得教师在实际工作中步履维艰。最后，教师的学科教学能力也制约着校本课程的开发。校本课程的开发需要站在整个课程的高度，需要对课程有一个充分的、全面的、整体的把握，只有这样才能统筹全局，对教学有一个全面、整体的认识，才能具有灵活自如地驾驭课程的能力，才能真正教学生所需，开发出学生所需的课程。总之，只有教师把自己看成研究者，才可能在教学实践中关注课程开发问题，并在具体的实践过程中增强自己的课程意识和提升开发课程的能力。

校本课程的具体内容也对课程开发具有制约作用。具体内容是校本课程实施的核心，没有内容，校本课程开发无从谈起。"教学内容不等于课程内容，课程内容仅仅提供给师生的基本的、共同的对话材料，用以发起、引导师生的对话行为，教学内容不仅涉及教材，而且也可能涉及师生的生活经验，以及为帮助学困生和学优生提高的补充材料。课程内容在课堂教学中主要以教材的形式出现，教学内容则结合具体的师生经验进一步深化和发展了这种理性，这就形成了课程内容与教学内容之间的继承和发展的关系。"① 由此，我们可以看出教师需要对教学内容进行延伸。在当代，我们已经认识到"以人为本"的教育理念要求突出对学生的人文关怀，要把学生看成有情感、有需求的"人"，而不是知识的"容器"和考试的"机器"，因此，教师在教学过程中，要积极努力地营造一个轻松、愉快、和谐的学习氛围，通过挖掘学生潜能和提高学生潜质，达到教育目标。要善于发现学生的优点，而不光看成绩和表现，要使每个学生都找到自己的发展空间。新课程改革提倡教师创造性地教学，教师要摆脱对教材的崇拜和依赖，对课程内容进行整合、完善、改编和补充，对教材进行二度开发，甚至三度、四度开发，这就要求教师要根据自己的教学经验、教学能力、教学需求、教学目标，并结合学生的基础、学习能力、学习习惯等，不断对教学内容进行调整和完善，创造性、个性化地运用教材，以生成丰富、多样的教学内容，使教学内

① 董小平，靳玉乐. 论课程与教学关系的重建 [J]. 基础教育课程，2006（5）：16 – 18.

容真正符合校本课程的目标和要求，体现校本课程改革的真正意义。

在特色学校建设的过程中，校本课程的开发还受到区域经济条件、地方经济保障、家长素质与态度、教师教科研培训、学校硬件建设程度等多种因素的影响。因此，要想做好校本课程开发，建设好特色学校，还需要我们突破重重阻碍。唯有这样，才能实现我们教学改革的目标。

后 记

本书是笔者多年来进行教学理论研究和教学实践探寻的又一结晶。

正如文中所述，特色学校建设是目前国内外教育理论研究和教育实践探寻普遍关注的一个重要问题。我国的特色学校建设，始于20世纪八九十年代。20世纪末，随着国家改革开放的不断发展，教育领域的一些有识之士逐渐认识到我国传统办学和传统教学中存在的一些严重弊端，并深刻意识到这些弊端对教育教学发展的极大阻碍，因此大胆地对传统教育教学进行改革，开始探索出适合学校自身发展的新做法、新方案、新措施，在谋求对学校的新发展中形成自身的新特点、新特色。而我国的特色学校建设，从政府行为来讲，自进入21世纪就开始了。特色学校建设正式成为公共话题，成为教育政策，成为发展计划，成为行动目标。今天，无论从个别行为还是从政府行为来说，特色学校建设都进入了最活跃的时期。大学建设特色学科、特色专业，中小学建设特色学校，是当前我国学校办学所追求的一个重要目标。尤其在新的教育政策背景下和新的教育市场中竞争激烈的中学，特色学校的创建活动更是如火如荼地进行。在2009年全国教育科学规划领导小组办公室正式推出专项课题"普通高中特色学校建设的实验与研究"之后，特色学校建设在中学全面展开。但是，由于激烈竞争的存在和发展的需要，中学在特色学校的创建活动中，出现了真特色和假特色。一些学校能争取到国家教育政策的支持，或能充分利用自身的各种资源优势和有利条件，扎实开展特色教育，使学校特色教育能够惠及广大学生，从而形成真特色。而一些学校为追求特色效应，办几个特长班，也标榜自己是进行特色教育，或照搬别人的特色，却因不适合本校学生的发展，特色教育最终不能惠及广大学生，于是出现了假特色或伪特色。因此如何规范中学特色办学，是当前和今后急需解决的重要问题。再者，当前随着时代社会的需求多样化和家长学生的选择多样化，一些中学特色学校已不仅仅停留在一元特色的发展上，而是朝着多元特色的方向发展。而多元特色教育发展又该如何引导，多元特色教育效果该如何评估等，也都将是当前和今后值得研究的重要问题。

笔者在中学执教多年，对中学特色学校建设过程中出现的问题和状况，颇有感触。因此，出于对教育的热爱和执着，笔者在繁忙的教学之余，总在不停地进行特色学校建设理论的探讨和实践的探寻，笔耕不辍。

笔者力求通过对特色学校诸概念界定、中外中学特色学校建设情况、我国中学特色学校建设模型、我国中学特色学校发展模式构想和我国中学特色学校建设发展中的误区与受限进行综述，期望全国的中学在特色学校创建活动中，中学特色学校在建设发展过程中，能不断地规范和完善自身的办学特色及教育教学特色，以促进中学特色学校建设良性发展。

由于笔者水平有限，书中不足之处，敬请广大读者批评指正。

罗仁林
2016 年 10 月